Nancy Rue/Steven Mach

Weil ich ein Mädchen bin

Coole Tipps fürs Frauwerden

Über die Autorin

Nancy Rue war als Lehrerin an einer Privatschule tätig, arbeitete als Jugendleiterin in einer Gemeinde und leitete Theater-Workshops und Ferienlager. Sie verfasste Hunderte von Kurzgeschichten und Artikel für Jugendzeitschriften. Nancy hat eine erwachsene Tochter und lebt mit ihrem Mann in Tennessee.

Nancy Rue/Steven Mach

Weil ich ein Mädchen bin

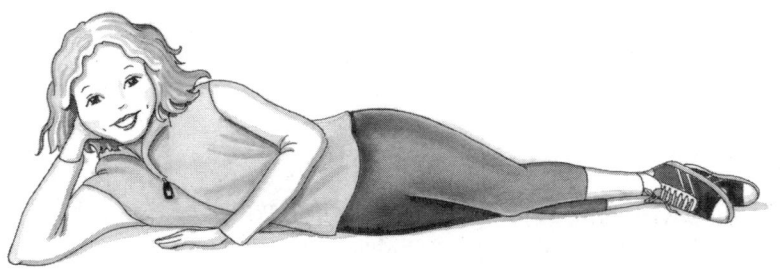

Coole Tipps fürs Frauwerden

Die amerikanischen Originalausgaben erschienen im Verlag
Zondervan Publishing, Grand Rapids, Michigan
unter dem Titel „The Body Book" und „The Beauty Book".
© 2000 by New Life Treatment Center
© Illustrationen by Steven Mach
© der deutschen Ausgabe 2001 Gerth Medien, Asslar
Aus dem Amerikanischen übersetzt von Karoline Kuhn

Best.-Nr. 815 749
ISBN 978-3-89437-749-6
8. Auflage 2008
Lektorat: Susanne Hübscher
Umschlaggestaltung: Hanni Plato/Steven Mach
Illustrationen: Steven Mach
Satz: Die Feder GmbH, Wetzlar
Druck und Verarbeitung: Schönbach-Druck, Erzhausen
Printed in Germany

Inhalt

1. Was ist hier eigentlich los?

Lass den König sechzig Frauen,
achtzig Konkubinen haben,
dazu Mädchen ohne Zahl!
Meine Liebe gilt nur einer:
meinem makellosen Täubchen!
(Hoheslied 6,8–9)

Entweder passiert es schon, oder du hast zumindest gehört, dass es bald losgehen wird:

- Dir wachsen Brüste.
- Haare erscheinen an Stellen, wo vorher keine waren.
- Dein Schweiß beginnt anders zu riechen.
- Überhaupt, diese Gerüche!
- Ständig wächst du oder nimmst irgendwo zu.
- Deine Freundinnen reden davon, dass sie ihre Tage bekommen haben.
- In einem Moment kicherst du, im nächsten ist dir zum Heulen zu Mute!

Und du stehst vor dem Spiegel und fragst die Person, die du da siehst: „Wer bist du eigentlich, und was hast du mit *mir* gemacht?"

In der Zeit zwischen etwa 8 und 18 Jahren passieren mehr Veränderungen in deinem Körper als je zuvor – vielleicht mal abgesehen von deinem allerersten Lebensjahr, in dem du dein Gewicht verdreifacht, Zähne bekommen und laufen gelernt hast! Diese Zeit kann ganz schön verwirrend sein, und manchmal möchtest du vielleicht schreien: „Hey, was ist hier eigentlich los?"

Wir hoffen, dass wir dir ein bisschen dabei helfen können, diese Frage zu beantworten. Zuerst mal was Beruhigendes: All das ist ganz normal. Die Veränderungen passieren, weil etwas mit Namen „Pubertät" eingesetzt hat. Das passiert jedem Mädchen (und auch jedem Jungen, nur anders), seit Gott die Menschheit erschaffen hat. Und wahrscheinlich hat jedes Mädchen dieselben Fragen, die du jetzt hast!

Fragen & Antworten

Lilly: *Alle Leute sagen mir dauernd: „Wenn du in die Pubertät kommst, dann . . ." Was ist denn diese Pubertät eigentlich genau?*

Die Pubertät ist die Zeit, in der dein Körper anfängt, zwei neue weibliche Hormone zu produzieren, die er vorher noch nicht produziert hat.

Reni: *Na toll! Und was sind Hormone?*

Hormone sind chemische Stoffe, die in bestimmten Organen oder Drüsen des Körpers hergestellt werden und dann an verschiedenen Stellen zum Einsatz kommen. Adrenalin zum Beispiel ist ein Hormon, das in der Hirnanhangdrüse produziert und bei Stress ausgeschüttet wird. Stell dir vor, du siehst den Bus gerade vor deiner Nase anfahren – dann wird Adrenalin ins Blut abgegeben, und das gibt dir den Kick, schnell loszusprinten und den Bus noch zu erwischen. Die neuen Hormone, die in der Pubertät in deinem Körper entstehen, heißen *Östrogen* und *Progesteron*.

Zoey: *Iiih, ich habe also Chemikalien in mir? Warum? Was tun die da?*

Sie verwandeln dich ganz langsam von einem Mädchen in eine Frau.

Östrogen bewirkt:
- dass deine Brüste anfangen zu wachsen (brauchst du bald deinen ersten BH?),
- dass deine Hüften breiter werden (sieh sie einfach als „Kurven" . . .),
- dass deine Achsel- und Schamhaare wachsen,
- dass deine Haut mehr Talg absondert (was zu Pickeln und fettigen Haaren führt),
- dass die Haare an deinen Beinen dichter werden (her mit dem Rasierer!),
- und dass du ein ganz neues Interesse an Jungs entwickelst (irgendwie sind sie plötzlich gar nicht mehr so doof, obwohl sie sich nicht groß verändert haben . . .).

Progesteron bewirkt zusammen mit dem Östrogen:
- dass deine Periode einsetzt.

Was hat sich Gott dabei gedacht?

Vielleicht würdest du Gott am liebsten fragen: „Warum muss ich diese blöden Pickel und die ganzen komischen Haare und diese völlig nervigen grundlosen Heulanfälle bekommen? Hättest du dir da nicht eine bessere Methode einfallen lassen können?"

Na ja, aus *unserer* Sicht wäre es bestimmt netter, eines Morgens mit einem

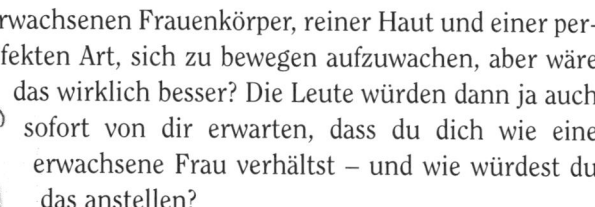

erwachsenen Frauenkörper, reiner Haut und einer perfekten Art, sich zu bewegen aufzuwachen, aber wäre das wirklich besser? Die Leute würden dann ja auch sofort von dir erwarten, dass du dich wie eine erwachsene Frau verhältst – und wie würdest du das anstellen?

Gott hat alle Arten von Wachstum erfunden, und zwar als behutsamen Prozess, der Zeit braucht. Langsam werden deine Haare mehr und dichter, jeden Tag sind deine Brüste ein bisschen größer, ständig musst du das Auf und Ab deiner Gefühle ertragen – aber all das ist ein Teil von Gottes Plan, dich ganz langsam an die Idee zu gewöhnen, dass du dabei bist, eine Frau zu werden. Das Ziel ist, dass das, was du siehst, wenn du eines Tages mit vielleicht 18 oder 20 Jahren in den Spiegel schaust, dir ziemlich gut gefällt! Jetzt musst du es nur noch irgendwie bis dahin aushalten . . .

Wir haben dieses Buch unter anderem geschrieben, um dir verstehen zu helfen, was mit dir passiert, und dir ein paar Tipps zu geben, wie du „mitwachsen" kannst – körperlich, geistig und geistlich.

Dabei gibt es ein paar Hindernisse, die wir erst mal aus dem Weg räumen wollen!

Hindernis 1: Die anderen sind schon viel weiter als ich!

Vielleicht bist du zwölf und deine Freundinnen haben schon ihre Tage und kaufen sich die ersten BHs – und du siehst immer noch aus wie ein kleines Mädchen.

Wenn du einen Bruder hast, der dich fragt: „Na, wann kommt denn bei dir mal was?", oder wenn du einfach ein bisschen Angst hast, dass du nie aufholen wirst, dann denke immer wieder mal an Folgendes:

- Das Ganze ist kein Wettbewerb! Bei dir wird alles genau zu dem für dich richtigen Zeitpunkt passieren!
- Du bist ganz einmalig und mit niemandem zu vergleichen. Gott hat schon ganz genau geplant, wann und wie du dich entwickeln wirst!
- In der Zwischenzeit ist es dein „Innenleben", das zählt!

Wenn du Gott vertraust, wirst du dich gut fühlen, gut aussehen und dich richtig verhalten!

• Freu dich darüber, dass du dich noch nicht mit BHs und Binden rumärgern musst – das kommt noch früh genug!

Hindernis 2: Ich bin schon viel weiter als die anderen!

Vielleicht bist du zwölf und trägst schon einen BH mit Körbchengröße C. Irgendwie kommst du dir ziemlich komisch vor. Falls die anderen dich mit netten Spitznamen wie „Miriam mit den Möpsen" bedenken oder dich für 16 halten, dann ruf dir immer mal wieder in Erinnerung:

• Während du dir wünschst, du wärst nicht ganz so gut entwickelt, gibt es andere Mädchen, die auf ihre flache Brust gucken und ziemlich neidisch auf dich sind! Doch was hilft das ganze Wünschen – es entwickelt sich sowieso alles zu genau der Zeit, die Gott für dich und deinen Körper vorgesehen hat!
• Wenn die anderen Mädchen in deiner Klasse heranreifen, wird sich das mit den Spitznamen ganz von selbst erledigen, weil es dann ganz „normal" ist, dass die Mädchen einen Busen haben und es keinen besonderen Reiz mehr hat.
• Wenn du dich dadurch besser fühlst, dann trag Klamotten, die deine Rundungen nicht noch betonen. Du sollst dich nicht unbedingt krampfhaft hinter weiten Pullis verstecken, aber man muss die Hänseleien ja nicht noch provozieren.
• Denk immer daran, dass Gott dich liebt und einen Plan für dein Leben hat – und der bezieht auch deinen Körper mit ein! Auf keinen Fall musst du dich irgendwie dafür schämen, wie du aussiehst! Gott hat dich so gewollt, wie du bist, und du bist sein geliebtes Kind.

Hindernis 3: Ich will eigentlich noch gar nicht erwachsen werden!

Vielleicht findest du ja diese ganze Sache – einen BH tragen, die Beine rasieren, das Deo nicht vergessen und – uah! – deine Tage kriegen – ziemlich beängstigend.
Du bist nicht allein! Einer Menge Mädchen geht's genauso wie dir. Vielleicht hilft es dir ein bisschen, an Folgendes zu denken:

• Jedes Mädchen muss da durch. Teil deine Ängste und Sorgen doch mit deinen Freundinnen. Das bringt euch noch näher zusammen.

- Sicher gibt es wenigstens eine Erwachsene in deinem Leben, die dir mit deinen Fragen weiterhelfen kann. Sieh dich um: Vielleicht deine Mutter? Eine ältere Schwester oder Cousine, Tante etc.? Eine Jugendleiterin aus der Gemeinde? Wenn du mit jemandem reden kannst, der das alles schon erlebt hat, hilft das ganz enorm.
- Sieh die Pubertät als einen Weg zu immer besseren und tolleren Dingen. Es macht nämlich Spaß, eine Frau zu sein! Wir Frauen haben tolle Beziehungen, erleben unglaubliche Abenteuer, lernen die wahre Liebe kennen und bekommen eines Tages Kinder. Doch um diese schönen Dinge später zu erleben, musst du erst mal durch all das andere durch.
- Gott ist bei allem an deiner Seite. Er hat den Plan, und er erwartet nicht von dir, dass du ihm allein und ohne Hilfe folgst. Beten hilft – besonders, wenn dich anscheinend niemand sonst verstehen kann.

Die Pubertätszeit kann richtig Spaß machen und sogar ganz schön spannend sein, wenn du erst mal wirklich dahinter gekommen bist, wo du jetzt im Moment stehst.

Mach den Test

Kreise unter jeder Frage den Buchstaben ein, der dich am besten beschreibt!

Die Haare unter meinen Armen und in der Schamgegend . . .
a   lassen sich noch nicht blicken.
b   beginnen zu wachsen.
c   sind schon seit ein paar Monaten da.

Meine Brüste . . .
a   . . . was für Brüste?
b   sind bisher nicht viel mehr als kleine Erhebungen.
c   sind schon ziemlich gut entwickelt.

Meine Taille . . .
a   sieht so aus wie eh und je.
b   ist irgendwie anders geworden.
c   ist eine richtige Taille geworden – auf jeden Fall schmaler als meine Hüften!

Meine Hüften . . .
a   haben sich nicht verändert.

b sind total breit geworden und ich komme mir richtig fett vor.

c scheinen im Vergleich zum Rest meines Körpers die richtigen Proportionen angenommen zu haben.

Die Haare an meinen Beinen . . .

a sind kaum zu sehen.

b werden langsam dichter und rauer.

c sehen langsam nicht mehr schön aus . . .

Wenn ich mein Unterhöschen ausziehe . . .

a ist es immer ganz sauber.

b ist manchmal so ein bisschen weißliches oder bräunliches Zeug drin.

c habe ich auch schon mal Blut darin entdeckt – meine erste Periode!

Dann lass mal sehen! Also, *wenn du hauptsächlich a) eingekreist hast,* hat die Pubertät bei dir noch nicht eingesetzt. Ganz egal, wie alt du bist – das ist völlig okay. Es passiert, wenn es passiert! Und wenn es soweit ist, wirst du durch dieses Buch und Gespräche mit deinen Freundinnen und erwachsenen „Vertrauenspersonen" schon gut darauf vorbereitet sein.

Wenn du hauptsächlich b) eingekreist hast, steckst du schon mitten in der Pubertät. Die Hormone sind am Werk und bereiten deinen Körper auf das Frausein vor. Wenn deine Periode noch nicht eingesetzt hat, wird es bald soweit sein. Dies kann jetzt die schwierigste Zeit der Pubertät sein, aber das muss es nicht! Stell Fragen, lies viel und sprich mit Leuten, und du wirst sehen, dass alles halb so schlimm ist!

Wenn du hauptsächlich c) eingekreist hast, arbeiten deine Hormone bereits mit Volldampf. Das Schlimmste hast du schon hinter dir; jetzt pendelt sich so langsam alles ein. Ehe du dich versiehst, wirst du dich in deinem „neuen" Körper richtig wohl fühlen (wenn du das nicht sowieso schon tust). Auf Fragen, die vielleicht noch offen sind, findest du hoffentlich hier in diesem Buch ein paar Antworten.

Mit Gott darüber reden

Schreib doch mal einen Brief an Gott. Du kannst ihm alle ganz geheimen Sachen sagen, die in dir drinstecken, die dich beängstigen oder die du ganz schrecklich findest. Immer raus damit; bei Gott ist all das gut aufgehoben und er hört dir immer zu. Wenn es dir schwer fällt, einfach so loszuschreiben, kannst du die folgende Vorlage benutzen, bei der du nur die Lücken ausfüllen musst.

Lieber .... (setz deinen Lieblingsnamen für Gott ein)!

Ich weiß, dass diese ganze Pubertätssache zu deinem Plan gehört, aber ich hab da ein paar Probleme . . .

Also, erstens finde ich .... ziemlich peinlich!

Dann macht mir auch .... Sorgen, und wenn man es ganz genau nimmt, habe ich richtig Angst davor, ...

Könntest du mir bitte dabei helfen, nicht zu schüchtern oder zu ängstlich zu sein, um .... in dieser Sache um Hilfe zu bitten?

Ich wäre sehr dankbar, wenn du mir ein paar Antworten auf meine Fragen zum Thema ....
zukommen lassen könntest – irgendwie.

Und vor allem hilf mir bitte, daran zu denken, dass ich nicht allein bin und dass du für mich da bist. Ich hab dich lieb!

Deine ....

Seerosenblatt

Mein peinlichster Moment beim Erwachsenwerden war bisher . . .

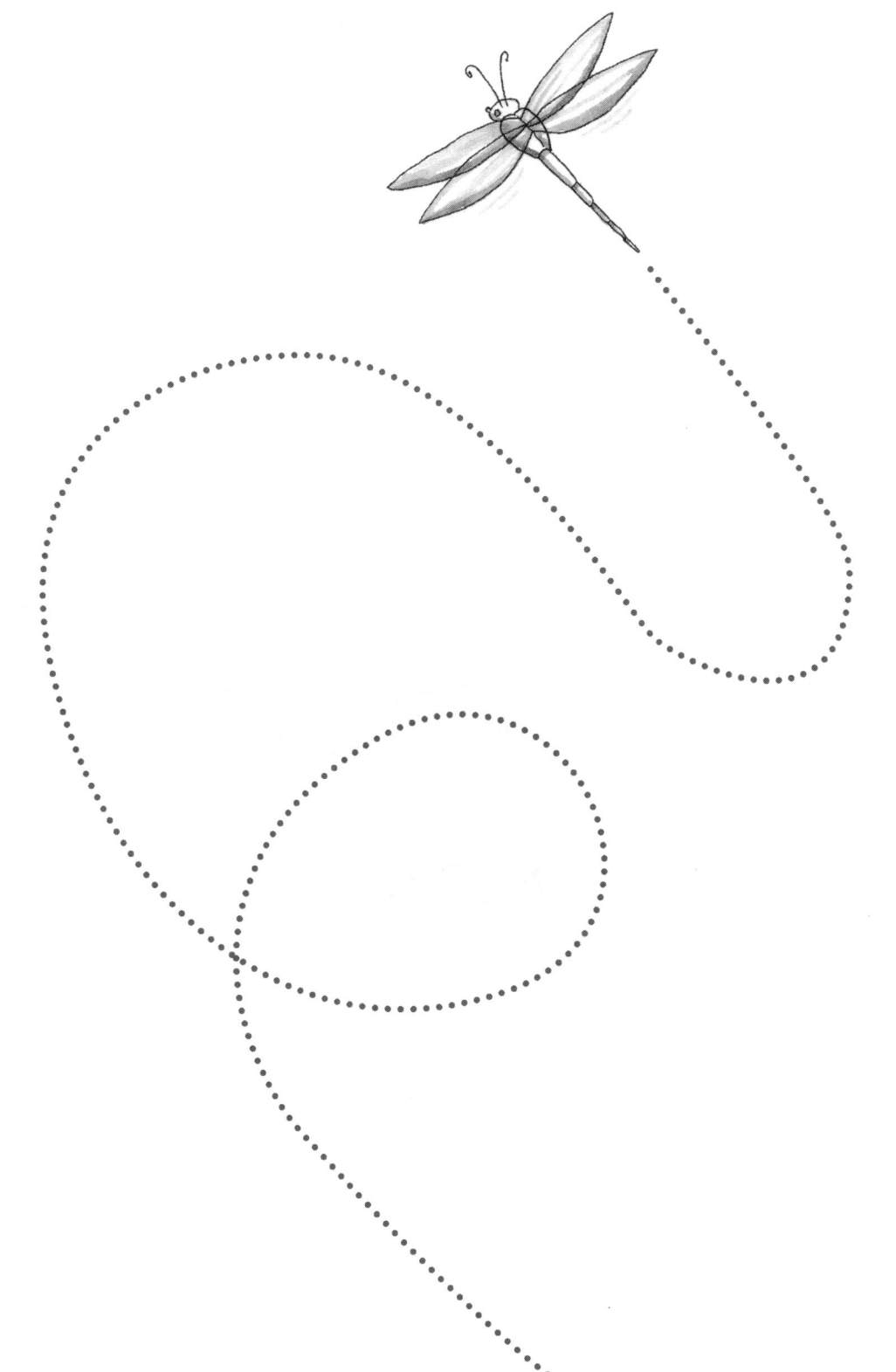

2. Check deine Einstellung!

Freu dich, junger Mensch!
Sei glücklich, so lange du noch jung bist!
Tu, was dir Spaß macht und wozu deine Augen dich locken!
Aber vergiss nicht,
dass Gott für alles von dir Rechenschaft fordern wird.
(Prediger 11,9)

Es ist eigentlich überhaupt nicht wichtig, ob du mit oder ohne Pickel durch die Pubertät kommst, mit einem großen Busen oder einem kleinen, mit Beschwerden bei der Periode oder ohne. Die Pubertät hat so oder so ihre unschönen Momente.

Vielleicht hast du ausgerechnet beim ersten Treffen mit deinem neuen Schwarm einen riesigen Pickel mitten auf der Stirn.

Vielleicht bekommst du beim Fußballspielen plötzlich deine Tage – und der Sportlehrer ist ein Mann!

Vielleicht stellt ein ausgesprochen blöder Junge vor der ganzen Jugendgruppe fest, dass du langsam mal damit anfangen könntest, dir die Beine zu rasieren.

Das beste Mittel, das du hast, um all das zu überleben, ist deine eigene Einstellung zum Leben. Lass uns jetzt gemeinsam rausfinden, wie die zur Zeit aussieht.

Mach den Test

Wieder geht es darum, den Buchstaben einzukreisen, der dich am ehesten beschreibt.

Mein Körper sagt mir . . .
a wenn er hungrig, durstig, müde oder krank ist – und dann kümmere ich mich darum.
b was er braucht; aber ich höre nicht unbedingt auf ihn.
c wie bitte? Mein Körper redet? Hab ich ja noch nie gehört!

Wenn es um das Thema Körperhygiene geht . . .
a bin ich dabei! Ich bade oder dusche jeden Tag.
b Ja, ja, mach ich, aber es ist doch irgendwie lästig.
c warte ich immer, bis mich jemand darauf anspricht.

Sport ist etwas . . .
a das ich gern und oft mache; ich fühl mich dann richtig gut!
b das ich ab und zu mal mache.
c das ich wirklich nicht abkann! Lasst mich einfach auf meiner Couch sitzen!

Kommen wir zum Thema Ernährung!
a Ich versuche, mich möglichst gesund zu ernähren, auch wenn ich nicht zu Hause bin.
b Ich esse Obst und Gemüse, wenn welches da ist, aber eigentlich mag ich lieber Pommes und Hamburger.

c Ich achte nicht besonders auf das, was ich so zu mir nehme.

Wenn Leute darüber reden, dass Drogen, Alkohol und Rauchen ungesund sind . . .
a sehe ich das auch so, weil diese Sachen gefährlich für meinen Körper sind.
b denke ich mir, dass ich mir darüber noch keine Gedanken machen muss.
c glaube ich, dass die mir nur den ganzen Spaß verderben wollen!

Wenn mich jemand anfasst, von dem ich nicht angefasst werden will . . .
a wehre ich mich und erzähle es dann einem Erwachsenen, dem ich vertraue.
b hätte ich zu viel Angst, um es jemandem zu erzählen.
c würde ich denken, dass ich wohl irgendwas getan habe, was diesen Menschen annehmen lässt, er dürfte das machen . . .

Wenn ich mir andere Mädchen in meinem Alter anschaue . . .
a vergleiche ich mich nicht mit ihnen, weil jeder Mensch anders ist.
b weiß ich, wo ich in meiner Entwicklung stehe.
c finde ich mich ziemlich daneben!

Wenn ich eine Sache an meinem Körper verändern könnte . . .
a würde ich es trotzdem nicht machen. Ich mag mich, wie ich bin!
b oh, da würde mir sicher was einfallen!
c würde mir das nicht reichen! Ich hätte ungefähr 10 Verbesserungsvorschläge!

Was meine Tage angeht . . .
a finde ich die eigentlich ganz okay.
b möchte ich daran lieber nicht denken.
c gibt es da eigentlich einen Ausweg?

Thema Schlafengehen!
a Ich gehe meistens einigermaßen früh ins Bett, weil ich viel Schlaf brauche.
b Ich bleibe auf, bis mich jemand ins Bett schickt.
c Ich gehe ins Bett, wenn ich will – meistens ziemlich spät.

Was meine Gefühle angeht . . .
a habe ich natürlich auch so meine Launen, aber ich lasse mich nicht von ihnen kontrollieren.
b denke ich oft, ich lebe auf einer Achterbahn!
c habe ich oft schlechte Laune und die Leute um mich herum müssen eben sehen, wie sie damit klarkommen.

Ich bin ein Mädchen und . . .

a das finde ich gut!

b meistens finde ich es gut, aber manchmal ist es auch nicht so toll . . .

c oft wünschte ich, ich wäre ein Junge!

Und jetzt zur Auswertung. Bevor wir über deine Antworten sprechen, möchten wir dir noch sagen, dass sie natürlich nichts darüber aussagen, ob du „richtig" oder „falsch" bist, denkst oder fühlst. Das Ergebnis soll dir nur helfen zu sehen, wo du stehst und warum. Vielleicht entdeckst du ja auch Dinge, an denen du arbeiten möchtest oder bei denen du Hilfe brauchst, damit deine Reise zum Frausein glatter läuft. Denn das will ja schließlich jedes Mädchen, nicht wahr?

Wenn du a) am häufigsten eingekreist hast, hast du eigentlich eine ganz positive Einstellung zu deinem Körper. Du magst ihn genug, um auf ihn aufzupassen, ihn zu schützen und dich darin wohl zu fühlen. Mach weiter so! Sieh dir noch mal die Fragen an, bei denen du kein a) eingekreist hast. Wir werden über all diese Punkte im Folgenden sprechen, also pass gut auf! Lass nicht zu, dass diese Bereiche deine ganze Einstellung beeinflussen.

Wenn du b) am häufigsten eingekreist hast, weißt du ziemlich gut darüber Bescheid, was gut für dich ist, aber das heißt nicht, dass du auch all dein Wissen umsetzt. Sieh dir die Fragen noch einmal an. Kannst du an deiner Einstellung zu manchen Dingen noch arbeiten? Vielleicht solltest du auch mal mit jemandem über einiges reden. Lies aufmerksam weiter, wenn wir ausführlicher über all diese Punkte sprechen. Wenn du deinen Körper akzeptieren kannst, wird dir so manches in der Pubertät viel leichter fallen!

Wenn du c) am häufigsten eingekreist hast, fühlst du dich vielleicht ziemlich unglücklich, weil du dich noch nicht so richtig mit deinem Körper und seinen Veränderungen angefreundet hast. Jetzt ist genau der richtige Zeitpunkt, um damit anzufangen. Such dir eine ältere Freundin oder Verwandte, die du wirklich gern magst und gut findest. Rede mit ihr über deine Fragen. Versuche Dinge an dir zu finden, die du magst, und konzentriere dich auf sie. Und noch ein Tipp: Bitte Gott darum, dass er dir dabei hilft, den Körper zu mögen und zu respektieren, den er für dich geschaffen hat. Es ist nicht schön, wenn man sich selbst nicht leiden kann. Du musst wirklich nicht so leben!

Was hat sich Gott dabei gedacht?

Lass uns mit dem wichtigsten Gebot anfangen, das Jesus uns gegeben hat: „Liebe deinen Nächsten wie dich selbst". Wenn du die Person, als die Gott dich geschaffen hat, nicht akzeptieren und lieben kannst, dann kannst du auch schlecht andere Menschen lieben. Jesus selbst hat uns also gesagt, dass wir unseren Körper als Geschenk von Gott annehmen sollen. „Klar, es gibt ja auch Körper, wo einem das nicht schwer fällt!", sagst du jetzt vielleicht. Aber so denkt nur unsere Gesellschaft. Gott nicht! Gott hat alle Menschen mit allen Körperformen gleich lieb! Wir werden später noch einmal darauf zurückkommen, wenn wir über deine einzigartige Schönheit sprechen.

Achte auf deinen Körper

Der zweite Schritt auf dem Weg zu einer positiven Einstellung zu deinem Körper – nach dem Wissen, dass Gott dich genau so wollte, wie du bist – ist aufzupassen, was dein Körper so macht.

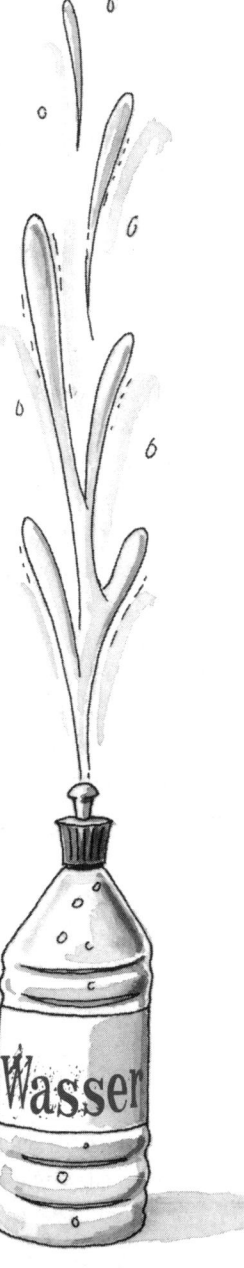

Fragen & Antworten

Lilly: *Meine Mutter sagt immer, ich soll auf meinen Körper hören. Was soll denn das eigentlich heißen?*

Dein Körper gibt dir Signale. Wenn er Wasser braucht, verspürst du Durst. Wenn dein Körper Nahrung braucht, verursacht er dir ein Hungergefühl. Wenn er Ruhe braucht, wirst du müde. Schläfst du eigentlich genug? Hast du zu viel um die Ohren?
   So ungefähr läuft das ab. Gott hat dich mit eingebauten Warnsignalen geschaffen, die „warnblinken", wenn dein Körper etwas braucht.

Zoey: *Würde ich jedes Mal etwas essen, wenn ich Hunger habe, wäre ich schon superfett. Ich habe irgendwie immer Hunger!*

Auf seinen Körper zu achten bedeutet auch, dass man merkt, wann man satt ist, wann man wirklich Hunger hat oder wann man nur aus Stress oder Langeweile Appetit empfindet. Darüber werden wir im 6. Kapitel noch mehr hören.

Susi: *Was ist, wenn ich meinem Körper nicht das geben kann, was er gerade braucht? Zum Beispiel habe ich in der Schule immer schon vor der großen Pause Hunger und in der letzten Stunde werde ich todmüde!*

Manchmal müssen wir unseren Körper auch an einen bestimmten Rhythmus anpassen, der vorgegeben ist. Nimm ein ordentliches Frühstück zu dir, damit du nicht so früh wieder hungrig wirst. Wenn du abends früher ins Bett gehst und vielleicht ein bisschen mehr Sport treibst, wirst du dich in der Schule nicht so schläfrig fühlen. Arbeite mit deinem Körper zusammen, dann arbeitet er auch mit dir zusammen!

Reni: *Ich will aber nicht so ein komischer Hypo-Dingsda werden, der ständig in sich hineinhorcht, ob vielleicht irgendwas nicht stimmen könnte. Das finde ich nämlich total seltsam!*

Du sprichst von einem Hypochonder. Das ist eine Person, die ständig Angst hat, krank zu sein, und jeden kleinen Schmerz als mittlere Katastrophe ansieht. Das ist aber etwas ganz anderes, als einfach gut auf deinen Körper und seine Signale zu achten. Wenn du das tust, musst du dich nicht über kleine Zipperlein aufregen, weil die wahrscheinlich gar nicht vorkommen. Du bist einfach fröhlich und gesund und kannst dich auf die Dinge konzentrieren, die Spaß machen.

Mach's einfach!

Hier kommen viele Tipps, wie du eine positivere Einstellung zu deinem Körper entwickeln kannst, wenn diese noch zu wünschen übrig lässt. Probier sie einfach mal aus und schau, ob du dich dann wohler in deiner Haut fühlst.

Idee 1

Such dir eine der Quizfragen aus, bei der du ein c) eingekreist hast. Wenn du kein c) hattest, nimm ein b). Wenn du gern liest, leih dir in der Bücherei ein Buch zu diesem Thema aus: Fitness, Ernährung, Drogenabhängigkeit, Pubertät, weibliche Sexualität . . . schmöker dich durch! Wenn Lesen nicht so dein Ding ist, such dir jemanden, der sich mit dem Thema auskennt, zum Beispiel einen Fitnesstrainer, eine Ernährungsberaterin, einen Arzt oder eine Krankenschwester, einen Drogenberater usw. und löchere diese Person mit deinen Fragen. Egal wie – eigne dir alles Wissen über dieses Thema an, das du kriegen kannst. Du wirst sehen, wie sich deine Einstellung dazu verändert. Wissen ist Macht!

Idee 2

Wir haben es bereits vorge-
schlagen, aber jetzt wird es
ernst. Such dir eine er-
wachsene Frau, mit der du
wirklich über alles reden
kannst. Wahrscheinlich ist
deine Mutter eine ganz
gute Wahl, aber vielleicht
ist sie gerade nicht ver-
fügbar oder ihr habt kei-
nen so guten Draht zuei-
nander. Für diesen Fall kommt jetzt eine Checkliste, die du mal durchgehen
kannst. Kennst du jemanden, auf den diese Punkte zutreffen?

- mindestens 20 Jahre alt
- eine Frau
- eine Christin – das soll natürlich nicht heißen, dass Frauen, die keine Christen
  sind, sich nicht mit deinen Problemen auskennen, aber weil für dich nun mal
  alles, was dich beschäftigt, mit Gott zu tun hat, sollte die Person das auch verstehen
- jemand, bei dem du dich ganz wohlfühlst
- jemand, den du respektierst – einige ihrer Qualitäten hättest du auch gerne
  selbst
- jemand, der den Eindruck macht, mit sich selbst im Reinen zu sein – sie ist
  nicht ständig genervt oder gestresst oder jammert nicht dauernd über ihr
  Gewicht, ihre Haare oder andere Dinge
- jemand, der für dich verfügbar ist

Na, ist dir jemand eingefallen, der alle oder die meisten dieser Punkte erfüllt?
Schreib ihren Namen hier auf .... und ruf sie am besten gleich
mal an! Erzähl ihr, dass du bei ein paar „Frauenfragen" ihre Hilfe brauchst und
frag sie, ob ihr euch mal treffen könnt. Falls ihr euch in einem Café verabredet,
wäre es eine nette Geste, sie auf einen Kaffee einzuladen. Ach ja, und denk immer
daran, dich zu bedanken, dass sie dir ihre Zeit und ihr Ohr geliehen hat! Das
könntest du auch schriftlich tun.

Wenn dir jetzt noch immer niemand Passendes eingefallen ist, denk an folgende Möglichkeiten:

- jemand aus deiner Gemeinde
- eine deiner Lehrerinnen
- eine ältere Cousine, Tante oder andere Verwandte
- eine Nachbarin
- die Mutter einer Freundin

Idee 3

Was ist die neueste Veränderung, die dir an deinem Körper aufgefallen ist? Beginnen deine Brüste zu wachsen? Zeigen sich die ersten Härchen? Hast du vor kurzem deine erste Periode bekommen? Du solltest diese Veränderungen mal gebührend feiern! Sie sind Zeichen deiner erblühenden Weiblichkeit! Hurra! Hier ein paar Ideen, wie das aussehen kann:

- Nimm dein Taschengeld, das Geld von Oma zum letzten Geburtstag, dein Sparschwein – und gönn dir mal was richtig Schönes!
- Lade deine beste Freundin zu einem „Festmahl" aus Popcorn und Cola ein, um auf dein Frausein anzustoßen! Ihre neuesten Entwicklungen könnt ihr ja gleich mitfeiern!
- Frag deine Mutter, ob sie nicht Lust hat, zu diesem besonderen Anlass mit dir auszugehen – vielleicht ins Kino oder zum Italiener.
- Gönn dir deine private Traumstunde mit einem schönen Schaumbad, einem edlen Snack, guter Musik und einer Duftkerze. Bade dich in dem neuen Gefühl, bald eine richtige Frau zu sein.

Mit Gott darüber reden

Die beste Methode, an deiner Einstellung zu deinem Körper zu arbeiten, ist, damit zu Gott zu gehen. Er ist ein Experte darin, deine Gedanken über dich selbst völlig umzukrempeln, denn schließlich hat er dich mit einem bestimmten Plan im Hinterkopf erschaffen!

Lies den 5. Psalm laut vor. Wenn dir dabei Ideen für einen eigenen „Psalm" einfallen, schreib alles in das „Seerosenblatt" auf. Gott liebt es, von dir zu hören!

Seerosenblatt

Was mir am besten am Frausein gefällt, ist . . .

3. Ich glaub, ich seh rot

*Schwester, du sollst die Mutter
von vielen Tausenden werden!*
(Genesis 24,60)

Das „dickste Ding" an der Pubertät ist die Menstruation – die Monatsblutung, deine „Happy Days", die Periode, die „Tage". Also knöpfen wir uns die als Erstes vor!

Was hat sich Gott dabei gedacht?

Wenn du Bauchkrämpfe hast oder deine Lieblingsjeans voller Blut ist, dann fragst du dich bestimmt manchmal, was sich Gott wohl bei dieser Erfindung gedacht hat.

Ich bin ganz sicher, dass Gott mit den Unannehmlichkeiten und manchmal peinlichen Momenten deiner Tage mitleidet. Aber ich denke auch, dass er möchte, dass wir die gute Seite des Ganzen betrachten – was die Periode nämlich alles bewirkt. Wenn es sie nicht gäbe, könnten wir auch keine Babys bekommen. Das funktioniert so:

Die *Menstruation* gehört zu deinem Fortpflanzungssystem – also allem, was du brauchst, um Kinder zu bekommen. In deinem Körper gibt es mehrere Organe, die dazu gehören. Sieh dir die Zeichnung auf der nächsten Seite gut an. Im Folgenden liest du, was die einzelnen Teile dieses Systems so alles tun.

Die *Eierstöcke (Ovarien)* sind diese oval geformten Organe links und rechts. In ihnen entstehen die *Eizellen (Ova)*. Bereits bei deiner Geburt hattest du 400.000 davon in dir! Die Eierstöcke produzieren die Hormone Östrogen und Progesteron, über die wir ja schon gesprochen haben. Wenn diese die Pubertät so richtig angekurbelt haben, „befehlen" sie deinen Eierstöcken, eine reife Eizelle loszuschicken – jeweils eine im Monat. Das passiert ungefähr zwei Wochen vor Einsetzen deiner Periode und man nennt es *Eisprung* oder *Ovulation*. Die Eizelle (*Ovum*) bewegt sich dann in den nächsten Teil des Fortpflanzungsapparates, die *Eileiter*.

Das sind auf dem Bild die langen „Arme" an den Eierstöcken. Ihre Länge beträgt ungefähr 10 Zentimeter, aber sie sind nur so dick (oder eher dünn!) wie eine Nadel. Am Anfang jeden Eileiters sitzen „Fransen", die dazu dienen, die Eizelle in die Eileiter zu bewegen. Im Eileiter selbst schieben kleine Härchen die Eizelle immer weiter in Richtung Gebärmutter.

Wenn unterwegs das Spermium eines Mannes auf die Eizelle trifft und sie befruchtet, wird man schwanger. Wenn die Eizelle jedoch nicht befruchtet wird, wandert sie weiter in die Gebärmutter.

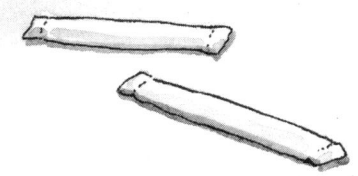

Die Gebärmutter (auch *Uterus* genannt) ist das birnenförmige Ding zwischen den Eierstöcken auf dem Bild. Sie ist normalerweise ungefähr so groß wie eine Faust und ihre Wände bestehen aus sehr starken, dehnbaren Muskeln. In der Gebärmutter wächst das

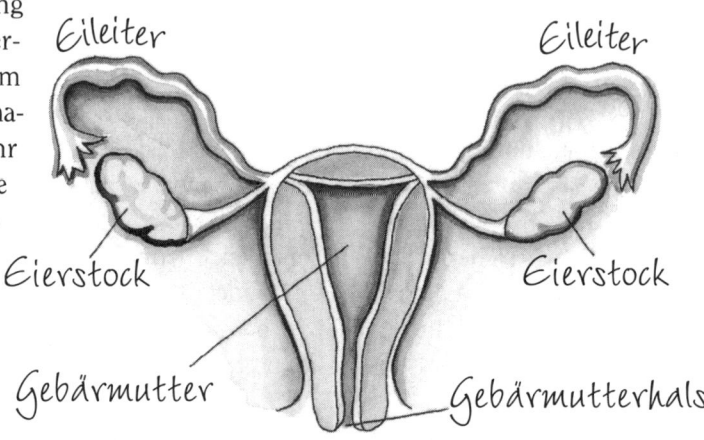

Fortpflanzungsapparat

Eileiter

Eileiter

Eierstock

Eierstock

Gebärmutter

Gebärmutterhals

Baby heran, bevor es geboren wird. Wenn sich einmal im Monat eine Eizelle auf die Wanderung durch einen der Eileiter macht, beginnt deine Gebärmutter zur Vorbereitung sozusagen ein „Innenfutter" aus Gewebe zu bilden. Das wird durch das Hormon Östrogen ausgelöst und dient dazu, dem vielleicht bald entstehenden Baby ein schönes Nest zu bieten. Wenn die Eizelle jedoch nicht befruchtet wird und keine Schwangerschaft eintritt, muss dieses „Innenfutter" wieder entfernt werden. Es löst sich also von den Innenseiten der Gebärmutter und wird durch den Gebärmutterhals (auch *Zervix* genannt) und die Scheide abtransportiert. Das ist das, was passiert, wenn du deine Tage bekommst.

Deine Scheide (oder *Vagina*) ist sozusagen der „Eingang" ins Innere deines Körpers. Sie ist im Normalzustand ungefähr 10–12cm lang und sehr dehnbar, denn bei der Geburt muss schließlich ein ganzes Baby hindurchpassen!

Wie üblich hat Gott sich auch hier den perfekten Plan ausgedacht, wie die ungeborenen Kinder im Bauch der Mutter ganz sicher und gut versorgt heranwachsen können – und auch, wie man alles wieder loswird, was nicht gebraucht wird, falls man nicht schwanger sein sollte. Wenn du es so betrachtest, findest du es vielleicht gar nicht mehr so schlimm, deine Tage zu haben. Eigentlich ist es ja auch ziemlich locker. Seit Tausenden von Jahren haben bereits Millionen von Mädchen ihre Tage gehabt!

Wie merke ich, dass ich zum ersten Mal meine Periode bekomme?

Mach den Test

Kreuze an, was auf dich zutrifft:

__ Du bist zwischen 8 und 18 Jahre alt.
__ Seit ein oder zwei Jahren entwickeln sich deine Brüste und dein Schamhaar.
__ Dir ist ab und zu eine weißliche Absonderung in deinem Höschen aufgefallen. Das wird öfter vorkommen, einige Monate bevor deine Periode einsetzt. Manchmal werden diese Ausscheidungen auch bräunlich aussehen.
__ Dein Bauch sieht ein bisschen angeschwollen aus oder fühlt sich so an.
__ Deine Brüste sind empfindlich und wirken größer.
__ Du bekommst plötzlich Pickel.
__ Du fühlst dich launischer oder weinerlicher als sonst.
__ Irgendwie bist du schlapp und lustlos.
__ Du spürst ein Ziehen im unteren Rückenbereich.
__ Irgendwie kommt es dir so vor, als hättest du zugenommen.

Du musst nicht unbedingt alle diese Hinweise haben, wenn deine Periode bald einsetzt. Und wenn nur eines dieser Symptome auftritt, musst du noch nicht gleich eine Packung Binden besorgen. Aber einige der aufgeführten Sachen zusammen sind schon ein deutlicher Hinweis darauf, dass deine erste Periode (auch *Menarche* genannt) demnächst vor der Tür steht.

Fragen & Antworten

Reni: *Eins wüsste ich ja doch gern mal genauer: Was ist eigentlich dieses Zeug genau, was da bei den Tagen aus mir rauskommt?*

Ein Teil ist Blut, aber das musst du jetzt nicht eklig finden. Der Rest ist Gewebe von der Gebärmutterwand. Am ersten Tag wird der Ausfluss hellrot-bräunlich aussehen, dann richtig dunkelrot werden und zum Schluss der Periode hin wieder heller. Ab und zu werden ein paar Klümpchen dabei sein, das ist dann das bereits erwähnte Gewebe aus der Gebärmutter, das „Innenfutter".

Zoey: *Verliere ich dabei nicht sehr viel Blut? Werde ich dann ganz schwach und müde?*

Keine Sorge! Obwohl es einem mehr vorkommt, verliert eine Frau während ihrer Tage nur durchschnittlich einen bis maximal sechs Esslöffel Blut. Das ist nicht sehr viel und es passiert ja auch nicht alles auf einmal, sondern auf drei bis fünf Tage verteilt (manche Mädchen haben allerdings auch bis zu acht Tage lang Blutungen, andere dagegen nur zwei). Bei den meisten Frauen kommt an den ersten beiden Tagen das meiste Blut und anschließend wird es weniger. Auf jeden Fall ist es so wenig, dass es dich auf keinen Fall schwächt!

Chrissi: *Wenn ich meine Tage habe, kann ich dann noch schwimmen gehen? Ich bin im Schul-Schwimmteam und wenn wir einen Wettkampf haben, kann ich nicht einfach ausfallen. Aber ich möchte nicht mit meinem Trainer darüber sprechen; schließlich ist der ein Mann!*

Schwimmen ist während der Blutung durchaus möglich, wenn du einen Tampon benutzt. Aus Gründen der hygienischen Vorsicht würde ich vielleicht nicht ständig im Wasser herumspringen, aber einen Schwimmwettbewerb könntest du durchaus bestreiten, wenn du keine sonstigen Beschwerden hast (Bauchkrämpfe etc.).

Reni: *Okay, eine letzte Frage! Ich hab schon so einige Namen für die Tage gehört – Happy Days, Rote Woche, der Fluch ... wie soll ich sie denn nun nennen?*

Ich persönlich habe den Verdacht, dass es unsere Sicht der Tage negativ beeinflusst, wenn wir ihnen „böse" Namen geben. Deshalb würde ich einfach „meine Tage" oder „meine Periode" sagen und ihnen nicht irgendwelche „Hassnamen" verleihen. Hey, immerhin sind sie ein ganz natürlicher Ablauf in unserem Körper.

Vorbereitung ist alles!

Die beste Möglichkeit, sich selbst die Angst vor dem Unbekannten zu nehmen, ist Information und Vorbereitung!

Wenn du dir also nicht selbst schon etwas besorgt hast, wie wäre es, wenn du deine Mutter fragst, ob ihr zusammen ein paar Binden, Tampons etc. einkaufen geht (und zwar am besten an einem Tag, an dem deine Brüder nicht mitkommen)? Steck die Binden oder Tampons dann in deinen Schrank zu deiner schönsten Unterwäsche. Dazu könntest du ein Duftsäckchen oder dein Lieblingsparfum legen, um das Ganze zu einer angenehmen Sache zu erklären!

Was es alles gibt . . .

Es gibt so ziemlich jede Art und Form von „weiblichen Hygieneprodukten" auf dem Markt, die man sich nur vorstellen kann. Im Folgenden kommt eine Auflistung mit Erklärungen!

Binden

Die meisten Mädchen benutzen zuerst Binden, weil sie einfach anzuwenden sind und ihren Zweck genauso erfüllen wie Tampons. Eine Binde besteht aus mehreren Schichten weicher Baumwolle oder ähnlichen Materialien, die sehr saugfähig sind. Auf der Unterseite hat sie einen Klebstreifen. Du musst einfach das Schutzpapier vom Klebstreifen abziehen und die Binde in den Schritt deines Höschens kleben.

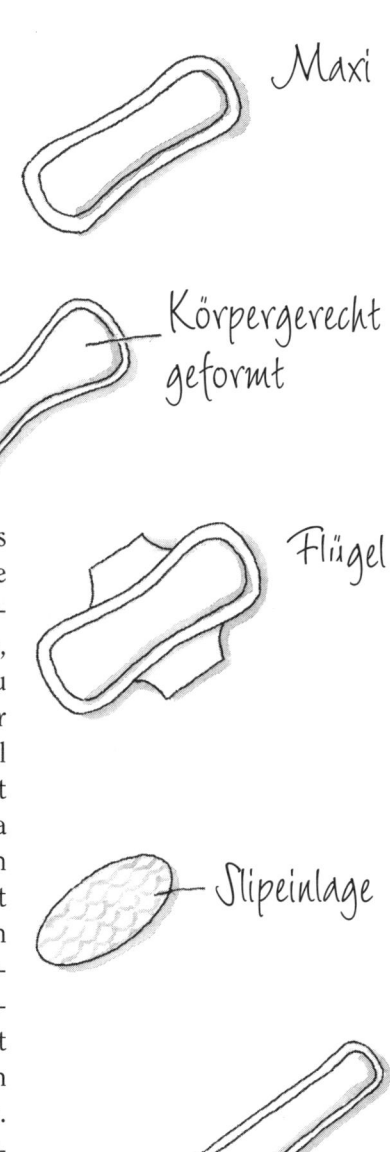

Maxi

Körpergerecht geformt

Flügel

Slipeinlage

Mini

Dauernd kommen neue, „noch bessere" Binden auf den Markt, sodass man schnell den Überblick verliert. Es gibt dicke, dünne, anatomisch geformte, welche für die Nacht, parfümierte – ganz schön verwirrend! In den ersten zwei Tagen deiner Periode, wenn die Blutung etwas stärker ist, solltest du die dickeren Binden nehmen, die mehr Feuchtigkeit aufsaugen. Auch Binden speziell für die Nacht sind ganz hilfreich. Sie sind meist länger und dicker als normale, weil du nachts ja nicht alle paar Stunden aufstehen kannst, um die Binde zu wechseln. Seit einigen Jahren gibt es Binden mit „Flügelchen", die man unter dem Höschen zusammenkleben kann. Dadurch verhindert man, dass die Binde sich zusammenknautscht oder verrutscht; wodurch sonst etwas Blut daneben gehen und dir dein Höschen oder die Jeans verschmutzen könnte. Die Binden mit Flügeln sind also ziemlich praktisch! Seit neuestem gibt es auch Bindenpakete auf dem Markt, in denen verschiedene Binden für die verschiedenen Phasen der Blutung drin sind.

Dann gibt es noch sogenannte Slipeinlagen. Das sind ganz dünne, kleine Binden, die du für die letzten Tage deiner Periode nehmen kannst, wenn nur noch ein bisschen was „nachtröpfelt", oder auch zwischendurch, um die Höschen zu schützen. Ob du Slipeinlagen mit Parfum oder neutrale nimmst, ist deine ganz persönliche Sache, wobei es Mädchen gibt, deren Haut auf die parfümierten Binden allergisch reagiert. Du solltest auch darauf achten, dass sie luftdurchlässig sind, denn sonst kann es zu unangenehmen Gerüchen oder gar Ausschlägen kommen.

Wie oft du die Binde wechseln musst, siehst du am besten selbst. Man sollte nicht zu lange dieselbe Binde tragen, weil das Blut nach einer Weile an der Luft ein wenig zu riechen beginnt. Du kannst ungefähr damit rechnen, dass du eine Packung mit 20 Binden während einer Periode verbrauchst. Am besten hast du immer welche an einer diskreten Stelle (zum Beispiel in einer Extra-Tüte in einem Fach oder ganz unten in deiner Schultasche) dabei, falls du mal nicht daran gedacht hast, dass deine Tage beginnen.

Wenn doch mal etwas danebengegangen ist, solltest du das Blut aus Höschen oder Hose so schnell wie möglich mit kaltem Wasser auswaschen. Dann geht der Fleck problemlos raus.

Tampons

Ein Tampon ist ein kleines „Zäpfchen" aus fest zusammengepresster, saugfähiger Baumwolle. Du schiebst ihn in deine Vagina und dort nimmt er alles Blut auf, das aus deiner Gebärmutter fließt. Deine Vagina ist sehr dehnbar und umschließt den Tampon deshalb ganz von allein. Wenn er sich dann langsam voll saugt, geht er wie ein Schwamm ein wenig auf, sodass kein Blut daran vorbeifließen kann.

Auch einen Tampon sollte man nicht länger als ein paar Stunden im Körper lassen und dann wechseln.

Der Tampon hat gegenüber der Binde einige Vorteile:

● Wenn du ihn richtig eingeführt hast, merkst du absolut nichts davon.
● Er ist klein und man kann ihn unauffällig mitführen.
● Es entstehen weniger Gerüche als bei einer Binde.
● Man kann ihn von außen nicht sehen, auch nicht im Badeanzug.
● Tampons sind billiger, und es entsteht viel weniger Müll als bei Binden.

Wenn Tampons so toll sind, warum benutzt dann überhaupt noch jemand Binden?

Dafür gibt es einige Gründe:

- Bei sehr jungen Mädchen ist der Scheideneingang noch ziemlich eng und deshalb kann sich das Einführen des Tampons zunächst unangenehm anfühlen.
- Es ist gar nicht so einfach, Tampons richtig einzuführen. Viele Mädchen möchten sich erst mal in aller Ruhe an die ganze Angelegenheit mit den Tagen gewöhnen, ohne sich auch noch damit rumzuärgern.
- Manche Mädchen möchten auch nicht so gerne „da unten rumfummeln" oder fürchten, dass das Jungfernhäutchen einreißen könnte, wenn sie einen Tampon benutzen.

Das Jungfernhäutchen ist eine elastische Schutzmembran in deiner Vagina. Wenn du den Tampon behutsam einführst, wird das Jungfernhäutchen nicht beschädigt. Und was das „Rumfummeln" angeht: Deine Scheide ist ein ganz normaler Körperteil und du solltest sie genauso akzeptieren und kennen wie deine Hände, deine Nase oder deine Knie.

Vielleicht kaufst du dir einfach schon mal eine Packung Binden oder Tampons, auch wenn sich deine erste Periode noch nicht angekündigt hat. Sprich mit einem älteren Mädchen, deiner erwachsenen Freundin oder deiner Mutter darüber. Vielleicht probierst du ja auch schon mal einen Tampon oder eine Binde aus, nur so zum „Dran-gewöhnen".

Fragen & Antworten

Lilly: *Wie fühlt sich das denn an, wenn man seine Tage hat? Ist das so, als würde man sich immer ein bisschen in die Hose machen?*

Mal abgesehen von eventuell auftretenden Bauchkrämpfen (darüber sprechen wir später noch) wirst du vermutlich so gut wie nichts davon spüren. Wenn du die Binde alle paar Stunden wechselst, kommt auch kein „Nasse-Hose-Gefühl" auf (bei Tampons sowieso nicht), zumal die modernen Binden eine spezielle Oberfläche haben, bei der man fast gar nichts mehr von der Feuchtigkeit spürt. Nachts musst du natürlich nicht alle paar Stunden aufstehen, um die Binde zu wechseln!

Zoey: *Meine Mutter sagt meiner Schwester immer, dass sie keine Binden in die Toilette werfen darf. Aber was soll man denn sonst damit machen?*

Wenn du die Binde wechselst, roll sie zusammen, wickle ein bisschen Klopapier darum (das hält ganz gut wegen dem Klebstreifen) und wirf sie in den Mülleimer. Binden können sonst die Toilette verstopfen und das ist eine ziemlich eklige und teure Angelegenheit! Auch Tampons gehören nicht ins Klo, sondern in den Mülleimer!

Susi: *Ich schwimme und mache viel Gymnastik. Meine Mutter meint daher, ich soll am besten Tampons nehmen, aber irgendwie sind die mir nicht geheuer. Ist es nicht ziemlich schwierig, die Dinger richtig einzuführen?*

Nein, schwierig ist das nicht! Aber wie bei allem Neuen muss man eben wissen, wie es geht, und ein bisschen üben. Zuerst mal musst du die für dich richtige Art von Tampon finden.

- Mit Papp-Applikator. Ein Applikator ist ein kleines Röhrchen, das einem dabei hilft, den Tampon richtig einzuführen.
- Ohne Applikator. Diese Tampons schiebt man mit dem Finger in die Vagina. Das geht auch ganz einfach! Wichtig ist in jedem Fall, dass man den Tampon ganz tief reinschiebt, bis man ihn nicht mehr von außen spürt. Nur dann sitzt er richtig und stört nicht!

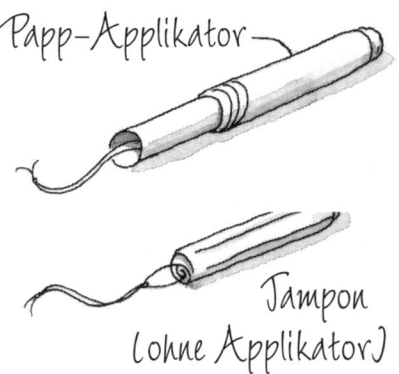

Dann musst du noch die richtige Größe und Saugfähigkeit aussuchen. Am besten fängst du mit einem Mini-Tampon an. Wenn du allerdings damit schon nach einer halben Stunde Flecken im Höschen bekommst, muss doch ein größerer her. Auch hier gibt es seit neuestem Packungen mit verschiedenen Stärken für die unterschiedlichen Tage der Periode. Übrigens ist es immer hilfreich, wenn du zusätzlich noch eine dünne Slip-Einlage ins Höschen tust, falls doch mal ein bisschen was daneben geht.

Den Packungen ist meist eine kleine Gebrauchsanweisung beigelegt, der du einfach folgen kannst. Oder frag deine Mutter oder eine Freundin, wie das Einführen genau funktioniert.

Wenn du Schwierigkeiten beim Einführen hast, check mal die folgenden Punkte:

- Probier aus, das Tampon in einem leicht schrägen Winkel einzuführen. Deine Vagina knickt nämlich ein bisschen nach hinten ab (also Richtung Rücken). Klappt es jetzt besser?

- Ist deine Vagina vielleicht zu trocken? Versuchs mal mit etwas Spucke oder Vaseline auf dem Tampon. Du solltest nur keine Creme mit Parfum oder Ähnlichem benutzen, weil dies deine Scheidenschleimhaut reizen kann.
- Beim Einführen solltest du die inneren Schamlippen (also diese Hautfältchen innen um den Scheideneingang herum) mit den Fingern der anderen Hand ein bisschen auseinanderhalten. Sonst kann es nämlich passieren, dass du sie mit dem Tampon einklemmst oder die Öffnung gar nicht triffst!
- Ist der Tampon zu groß? Wenn auch die kleinste Größe bei allen Tricks nicht „flutscht", ist dein Körper vielleicht einfach noch nicht so weit. Dann benutze während der ersten Monate lieber Binden und probier es später noch mal!

Fragen & Antworten

Lilly: *Ich habe versucht, einen Tampon zu benutzen, aber es tat ganz schön weh! Es hat richtig gescheuert!*

Wahrscheinlich hast du ihn nicht weit genug eingeführt. Versuch das nächste Mal, dich möglichst zu entspannen, und schieb ihn ein bisschen tiefer rein. Du solltest auch darauf achten, Tampons zu kaufen, die sich zur Seite hin ausdehnen und nicht in die Länge „wachsen", wenn sie sich voll saugen. Wenn deine Vagina noch nicht völlig ausgeformt ist, hat der Tampon sonst vielleicht nach oben hin keinen Platz und verschiebt sich nach unten, wo er dann reibt.

Reni: *Kann es auch passieren, dass mir der Tampon zu weit reinrutscht und ich ihn nicht wiederfinde? Oder – noch schlimmer! – dass er mitten im Sportunterricht rausfällt?*

Zuerst mal musst du dir keine Sorgen machen, dass der Tampon irgendwo in deinem Körper „verloren gehen" könnte. Der einzige Weg nach oben ist eine winzige Öffnung in der Zervix, durch die ein Tampon nie im Leben durchpasst! Das einzig Dumme, was dir passieren kann, ist, dass du vergisst, das kleine Fädchen unten am Tampon abzuwickeln, sodass du ihn nicht mehr rausziehen kannst. Da hilft im Notfall eine Pinzette oder auch der Frauenarzt – keine Panik, das passiert immer wieder mal einer Frau und schockt den Arzt nicht besonders! Es muss dir nicht peinlich sein. Vor allem solltest du nicht tagelang warten, bis du zu einem Arzt gehst, denn das kann dann wirklich gesundheitsschädlich sein!

Dass der Tampon rausfällt kann eigentlich gar nicht passieren. Wenn er nicht tief genug in deiner Vagina sitzt, merkst du das sehr deutlich. Wenn er richtig sitzt, merkst du gar nichts davon und musst schon kräftig am Faden ziehen, um ihn herauszuholen. Deine Vagina ist sehr flexibel und umschließt den Tampon wie eine Hand. Außerdem gibt es einen ringförmigen Muskel in deiner Vagina, der *Sphincter* heißt. Wenn der Tampon weit genug in der Vagina sitzt, hält er ihn zusätzlich am Platz.

Zoey: Mir hat jemand erzählt, dass der Zahnarzt sofort sehen kann, wenn man seine Tage hat. Stimmt das? Wie peinlich!

Da hat dich jemand veräppelt! Man kann weder an deinen Zähnen noch an deinem Zahnfleisch oder sonst wie erkennen, ob du deine Tage hast.

Chrissi: Wie erkenne ich denn, dass die Periode vorbei ist?

Gute Frage! Wenn seit einigen Stunden kein Blut mehr in der Binde oder am Tampon zu sehen ist, kannst du ziemlich sicher sein, dass es vorbei ist. Du solltest aber sicherheitshalber noch eine Slipeinlage tragen, falls doch noch etwas nachkommt.

Wenn du deine Periode in etwa ein Jahr lang hast, wird sie immer regelmäßiger und hält auch ungefähr immer gleich lange an. Dann weißt du schon so etwa, ab wann du dir die Binde sparen kannst.

Reni: Dann passiert das also wirklich von jetzt an jeden Monat?

Tja, so sieht es aus, bis du etwa 50 Jahre alt bist. Keine Periode hast du natürlich während der Schwangerschaften, falls du mal Kinder bekommst. Zuerst werden deine Blutungen nicht so regelmäßig kommen, aber nach einer Weile pendeln sie sich auf einen Zyklus von ca. 28 Tagen ein. Das bedeutet, dass vom ersten Tag deiner letzten Periode bis zum ersten Tag der nächsten 28 Tage vergehen. Bei manchen Mädchen kommt die Periode aber auch alle 22 Tage oder nur alle 35. Das ist auch noch im Rahmen des Normalen. Besorg dir einen Kalender und markiere die Tage, an denen deine Periode anfängt und endet. Wenn du das einige Monate lang machst, siehst du schon, ob sich ein bestimmter Rhythmus ergibt. Das ist auch ganz hilfreich, um darauf vorbereitet zu sein, wann du wieder Blutungen bekommst. Du kannst dann vorbeugend schon mal eine Slipeinlage benutzen und wirst nicht überrascht.

Mit Gott darüber reden

Ich will dir wirklich nichts vormachen – das erste Mal seine Tage zu kriegen ist eine echt große Sache! Auch wenn du eine verständnisvolle Mutter oder erwachsene Freundin hast, tut es gut, sich die Bedenken und Ängste mal bei dem von der Seele zu reden, der deinen Körper und seine Abläufe erfunden hat und der alle deine Fragen und Probleme versteht. Brauchst du ein bisschen Starthilfe?

Hier ein Vorschlag:

Lieber Gott!

Ich bin ein Mädchen und irgendwann demnächst werde ich meine Periode bekommen. Ich will dir jetzt mal ganz ehrlich sagen, was ich darüber denke:

....

....

....

....

Wirst du mir bei alledem helfen? Ich bitte dich darum, dass du

- *mir meine Angst nimmst,*
- *mir hilfst, mir keine unnötigen Sorgen zu machen,*
- *mich gut vorbereitest,*
- *mir jemanden schickst, mit dem ich darüber reden kann,*
- *mir hilfst, diese ganze Sache als etwas total Spannendes und Tolles zu sehen, das mich einen Schritt weiter zum Frausein bringt,*
- *mir ein bisschen mehr Freude daran schenkst, ein Mädchen zu sein.*

Danke, dass du mich liebst!

Deine ....

Seerosenblatt

Wenn ich mit meiner „Babyfabrik" im Bauch sprechen könnte, würde ich Folgendes sagen:

_____

_____

_____

_____

_____

_____

_____

_____

_____

_____

_____

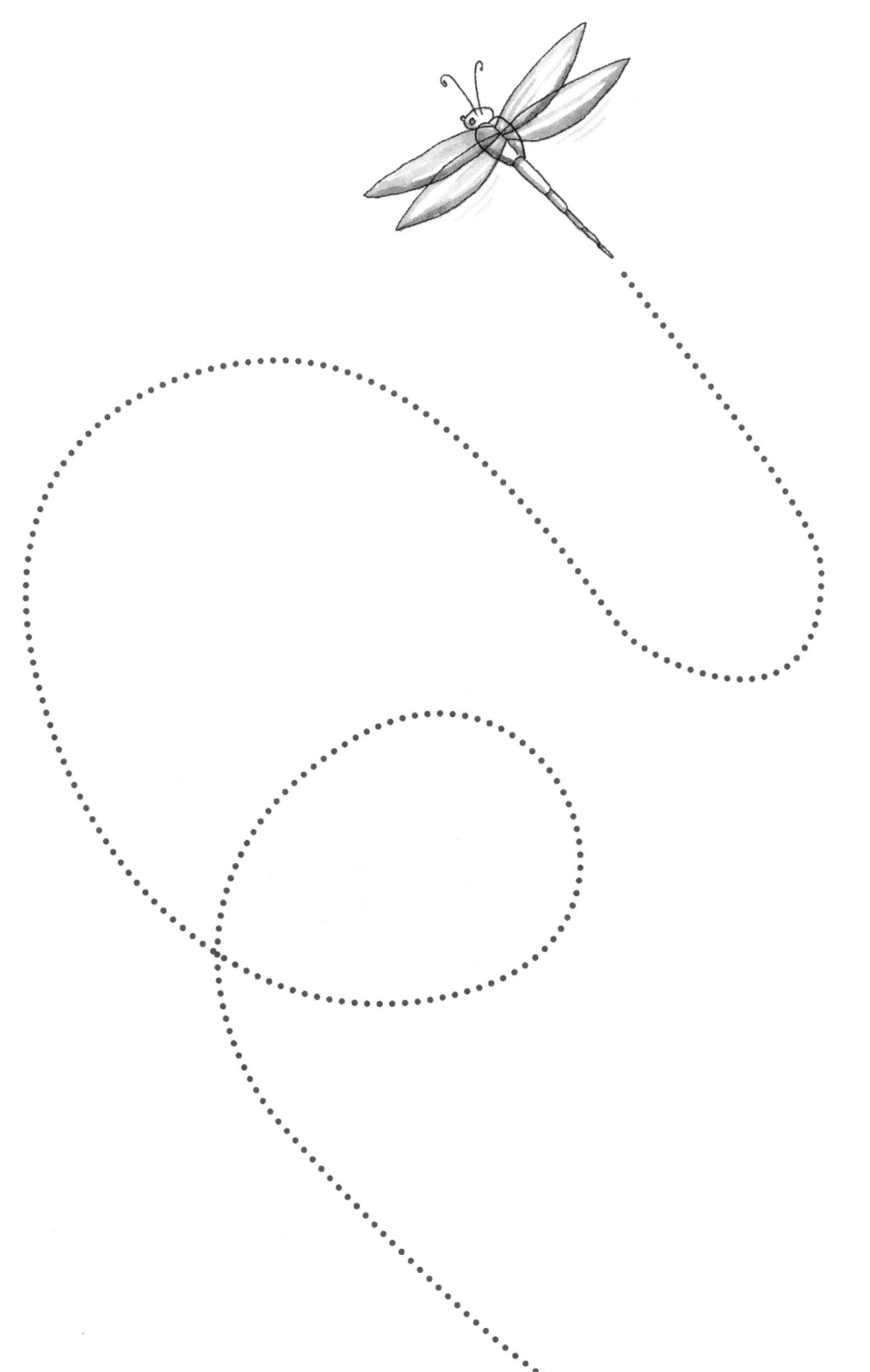

4. So ein Krampf!

Herr, höre mein Gebet, lass meinen Hilferuf zu dir dringen!
Jetzt, im Augenblick der Not, verbirg dich bitte nicht vor mir!
Höre mich doch jetzt, ich schreie zu dir; erhöre mich bald!

(Psalm 102,1–2)

Wenn du deine Tage nicht sowieso schon hast, hast du vermutlich schon eine ganze Menge Horrorstorys darüber gehört:

- „Ich kriege immer furchtbare Krämpfe!"
- „Ich habe so schlimmes PMS, dass meine ganze Familie mich hasst, wenn ich meine Tage habe!"
- „Ich habe meine erste Periode mitten in der Chemiestunde bekommen, als ich neben Tom saß! Alles war voll Blut . . . ich wäre am liebsten im Boden versunken!"

Da wird zwar gern mal ein bisschen übertrieben, um die Story aufzupeppen, aber leider steckt auch viel Wahres dahinter. Es kann dir zu den unpassendsten Zeiten passieren, dass du Krämpfe bekommst, launisch wirst oder einen Blutfleck hinterlässt. Da fragt man sich schon manchmal, was Gott sich bloß dabei gedacht hat!

Was hat sich Gott dabei gedacht?

In der Bibel steht zwar einiges zum Thema Monatsblutung drin, aber das ist nicht immer unbedingt hilfreich.

In 3. Mose 15,19 heißt es: *Wenn eine Frau ihre monatliche Blutung hat, ist sie sieben Tage unrein. Jeder, der sie berührt, wird unrein bis zum Abend.* Weiter geht es damit, dass auch alles, worauf sie sitzt oder liegt, unrein ist und jemand, der es berührt, praktisch gleich in Terpentin baden müsste.

In 1. Mose 31,35 sagt Rahel zu ihrem Vater: *Sei mir nicht böse, wenn ich nicht vor dir aufstehe. Ich habe gerade meine Tage.*

In Jesaja 30,22 wird die Zerstörung von Götzenbildern mit dem Wegwerfen einer benutzten Binde verglichen.

Die Menschen im Alten Testament hatten offenbar eine ziemlich andere Sicht von der Menstruation, als wir sie heute haben. Kein Wunder, dass manche sie immer noch als eine Art Fluch ansehen!

Aber wenn es um das Thema Schmerzen, Unannehmlichkeiten und Peinlichkeiten geht, findet man in der Bibel jede Menge Ratschläge und tröstliche Worte, mit denen man wirklich was anfangen kann. Wie wäre es zum Beispiel hiermit:

Gepriesen sei Gott, . . . ein Vater, dessen Güte unerschöpflich ist und der uns nie verzweifeln lässt. Auch wenn ich viel durchstehen muss, gibt er mir immer wieder Mut.
(2. Korinther 1,3–4)

Kommt zu mir alle, die ihr mühselig und beladen seid; ich will euch die Lasten abnehmen!
(Matthäus 11,28)

Denn ich bin der Herr, dein Gott, ich fasse dich bei der Hand und sage zu dir: Fürchte dich nicht! Ich selbst, ich helfe dir.
(Jesaja 41,13)

Diese Verse wurden nicht nur für Leute in Extremsituationen oder mit schweren Krankheiten geschrieben, sondern sie gelten für jeden Menschen, ganz egal, wie seine Nöte aussehen. Gott versteht diesen ganzen Krampf mit der Pubertät! Mir hilft es zu wissen, dass er meine Ängste und Probleme, seien sie klein oder groß, genau kennt.

Fragen & Antworten

Lilly: *Gestern hat mein Bruder mir gesagt, ich hätte wohl PMS und wäre deswegen so zickig. Was ist denn PMS eigentlich?*

PMS ist die Abkürzung für das sogenannte Prä-Menstruelle Syndrom und es bezieht sich auf die verschiedenen Symptome, die eine Frau haben kann, bevor sie ihre Tage bekommt. PMS bildet man sich nicht nur ein, sondern es wird durch die Hormone bewirkt, über die wir schon gesprochen haben. Östrogen ist ein „Wohlfühlhormon" und sein Gehalt in deinem Körper sinkt kurz vor den Tagen ab. Das schlägt sich dann auf deine Stimmung nieder. Eine leichte Form von PMS kann hilfreich sein, weil sie dich sozusagen „vorwarnt", dass die Tage bevorstehen. Aber die schwereren Formen sind schon nervig, weil sie eins oder mehrere der folgenden Symptome mit sich bringen können:

● Hunger- und Durstanfälle
● Erschöpfung und Müdigkeit
● traurige oder mürrische Stimmung
● extreme Stimmungsschwankungen

Zoey: *Meine Mutter hat mir gesagt, dass die Blutungen nicht weh tun, aber ich habe von anderen Mädchen gehört, dass sie schlimme Krämpfe kriegen. Ein bisschen Angst hab ich schon . . .*

Manche Mädchen und Frauen haben tatsächlich am Tag vor der Periode und auch am ersten Tag der Blutungen leichte Bauchschmerzen. Einige wenige Mädchen leiden richtig darunter, doch die meisten haben überhaupt keine Beschwerden. Medizinisch ist es immer noch nicht erwiesen, warum es bei manchen Frauen zu solchen Krämpfen kommt, aber im Grunde sind sie normal und kein Grund zur Sorge. Später werden wir noch über ein paar Möglichkeiten sprechen, wie man sich hier Erleichterung verschaffen kann. Aber erst mal kannst du dich entspannen. Bei den allermeisten Mädchen sind die Krämpfe nur so leicht, dass sie sie nicht von irgendetwas abhalten, das sie tun wollen.

Reni: *Ich habe schon gehört, wie ältere Mädchen gesagt haben: „Ich krieg bestimmt bald meine Tage, ich bin so aufgedunsen!" Was heißt denn das?*

Vor den Tagen kann es zu einer leichten Anschwellung des Bauches kommen, weil der Körper Wasser zurückhält. Meist ist es nur der Bauch, aber es kann auch vorkommen, dass deine Brüste, Hände, Knöchel, sogar dein Gesicht sich irgendwie dicker anfühlen. Auch hier gibt es keinen Grund zur Panik, denn die Schwellung geht von alleine weg, wenn die Periode einsetzt. Auch dazu später noch mehr!

Chrissi: *Vor zwei Monaten habe ich meine erste Periode gehabt, aber seitdem war nichts mehr! Sollte ich deswegen vielleicht mal zum Arzt gehen?*

Im ersten Jahr der Menstruation haben viele Mädchen noch keine regelmäßigen Blutungen, das ist ganz normal. Schließlich muss dein Körper sich erst an die ganze Sache gewöhnen. Manchmal werden unregelmäßige Blutungen aber auch durch andere Faktoren ausgelöst. Vor allem, wenn du schon eine Weile ganz regelmäßig deine Tage hattest und sie dann auf einmal „aus dem Takt" geraten, könnte einer der folgenden Gründe vorliegen:

- falsche Ernährungsgewohnheiten, ungesundes Essen, abwechselndes Hungern und Vollstopfen . . . du weißt schon
- Tapetenwechsel – vielleicht ein Umzug oder ein Urlaub in ganz anderem Klima
- plötzliche Gewichtszu- oder -abnahme
- größere emotionale Aufregungen
- eine Krankheit oder schwere Verletzung
- zu viel körperliches Training – viele Marathonläuferinnen haben jahrelang überhaupt keine Periode, weil dem Körper dazu die Reserven fehlen

Wohlfühltipps

Keine Sorge, all die Unannehmlichkeiten, die manchmal mit der Periode einhergehen, kann man abmildern. Du musst nicht unnötig leiden, denn das Leben ist ja kein Härtetest! Hier ein paar Tipps:

Krämpfe

- Du solltest mindestens dreimal in der Woche Sport treiben, auch wenn du deine Periode noch nicht hast. Das baut die Rücken- und Bauchmuskeln auf (mehr dazu in Kapitel 7).
- Immer auf eine gesunde, ausgewogene Ernährung achten (mehr dazu in Kapitel 6).
- Bei akuten Krämpfen hilft Wärme: eine Wärmflasche, ein Gelkissen, ein heißes Bad oder eines dieser tollen Wärmekissen mit Kirschkernen drin, die man in der Mikrowelle erhitzen kann. Zu heiß sollte das Ding aber auch nicht sein, weil sich dann die Muskeln eher noch mehr verkrampfen.
- Wenn das alles nichts hilft, kannst du in der Apotheke nach rezeptfreien Schmerzmitteln wie Aspirin, Paracetamol, Ibuprofen oder Ähnlichem fragen.
- Wenn die Krämpfe so schlimm sind, dass du nur noch im Bett liegen kannst, ruf einen Arzt an. Er oder sie kann dir bestimmt ein Medikament verschreiben, das hilft.

PMS

- Auch hier hilft regelmäßig Sport treiben: Spaziergänge, Fahrrad fahren, Schwimmen, Tennis – alles, was Spaß macht und an der frischen Luft passiert, hebt deine Stimmung, auch wenn du eigentlich nicht so ein sportlicher Typ bist.

- Abgesehen davon, dass du immer auf eine gesunde Ernährung achten solltest, hilft es, wenn du in den Tagen vor den Tagen viel Kohlenhydrate isst. Die stecken zum Beispiel in Vollkornkeksen, Brezeln oder Popcorn.
- Meide zu viel Zucker und Koffein. Gut dagegen sind Nahrungsmittel mit viel Vitamin B, so wie grünes Gemüse, Vollkornprodukte und Nüsse.
- Achte darauf, mindestens 8 Stunden pro Nacht zu schlafen.
- Deine negative Stimmung und Reizbarkeit haben zwar körperliche Ursachen, aber du solltest sie nicht an jedem auslassen. Einfach zu sagen: „Ich kann nichts dafür; ich habe eben PMS", ist nicht okay. Deine Gefühle sind real und du solltest darüber reden können, aber such dir dazu jemanden, der das verstehen kann.
- Wenn deine Tage sich ankündigen, verwöhne dich selbst mal so richtig! Leg deine Lieblings-CD auf, lass dir ein Schaumbad ein oder blättere in alten Tagebucheintragungen oder in deinem Lieblingsroman. Sei einfach nett zu dir selbst!

Wassereinlagerungen

- Sorge immer dafür, dass dein Körper genug Vitamin B bekommt: Iss Fleisch, Fisch, Geflügel, Vollkornprodukte, grünes Gemüse, Salat und Bohnen.
- Treib regelmäßig Sport (siehe auch Kapitel 7).
- Nimm nicht zu viel Salz zu dir, besonders in den zwei Wochen vor deinen Tagen. Salz begünstigt Wassereinlagerungen.
- Es klingt zwar widersprüchlich, aber du solltest viel Wasser trinken. Das hilft, alles aus deinem Körper zu spülen, was Unwohlsein verursacht.
- Wenn deine Brüste in dieser Zeit empfindlich sind, trag einen guten, festen BH, am besten einen Sport-BH.

Unregelmäßige Blutungen

- Trag immer eine „Notfallausrüstung" bei dir, für den Fall, dass du überraschend zu bluten beginnst.
- Ernähre dich gesund und iss regelmäßig!
- Treib Sport, aber übertreib es nicht mit dem Training (mehr dazu in Kapitel 7).
- Gib deinem Körper Zeit, sich auf die großen Veränderungen einzustellen. Höchstwahrscheinlich wird sich innerhalb der nächsten Monate ein regelmäßiger Rhythmus einstellen.
- Versuche dein Gewicht einigermaßen gleichmäßig zu halten. Der Jojo-Effekt (schnelles Rauf und Runter des Gewichts), der bei radikalen Diäten eintritt, ist

reines Gift für deinen Zyklus (und übrigens auch für vieles andere in deinem Körper!).
- Natürlich solltest du keinen Alkohol trinken und keine Drogen nehmen!

Wenn du dich oft gestresst und überfordert fühlst (nervöses Kribbeln im Bauch, innere Unruhe, ständiges Sorgen, Schlafstörungen oder Konzentrationsschwierigkeiten), kann das ebenfalls zu Zyklusstörungen führen. Probier es mal mit diesen Tipps:

- Such dir eine erwachsene Frau, mit der du über all das reden kannst. Vielleicht deine Mutter?
- Fang an, ein Tagebuch zu führen und alles aufzuschreiben, was dir Sorgen macht oder dich nervt. Mach dir keine Gedanken über die Rechtschreibung, schreib dir einfach alles von der Seele!
- Nimm dir jeden Tag mindestens eine halbe Stunde Zeit, in der du dir selbst etwas Gutes tust.
- Schau dir mal deinen Terminkalender an und überprüfe, ob du vielleicht ein bisschen zu viel vorhast. Musst du wirklich Ballettstunden, Gymnastikunterricht *und* Stepptanz machen? Kannst du vielleicht eine oder zwei Sachen abblasen?
- Sei ehrlich zu den Leuten um dich herum. Friss einen Konflikt nicht in dich hinein, sondern versuche darüber zu reden.

Überraschung!

So ziemlich jede Frau, die du fragst, ob sie schon mal von ihren Tagen überrascht worden ist und keine Binden oder Tampons dabei hatte, wird dir sagen: „Oh ja, klar! Total peinlich! Also, das war so . . .“

Jedem passiert das mal, und obwohl du dich dann sicher ziemlich panisch fühlst, gibt es immer eine Lösung. Hier kommen ein paar Tricks, die Mädchen gesammelt haben, um nicht in diese Situation zu geraten!

Tipps und Tricks

- Aus Toilettenpapier oder Papiertaschentüchern kann man eine „Not-Binde" machen.
- Wenn es dir in der Schule passiert, frag eine Freundin oder notfalls eine Lehrerin, ob sie dir aushelfen kann. Das muss dir nicht peinlich sein, weil es diesen Frauen oder Mädchen ganz sicher auch schon mal passiert ist.
- In vielen öffentlichen Toiletten gibt es Automaten, wo man Binden oder Tampons ziehen kann. Wenn du kein Geld dabei hast, frag ruhig die nette Dame, die sich gerade die Lippen nachzieht. Perioden-Probleme vereinen alle Frauen der Welt!
- Wenn du einen Blutfleck auf der Hose oder dem Rock hast, wende einfach den altbewährten „Pulli-um-die-Hüften"-Trick an. So merkt niemand etwas, bis du die Klamotten wechseln kannst.
- Wenn das geht, kannst du eine Ersatz-Jeans in deiner Schultasche oder deinem Schließfach aufbewahren, nur für den Fall der Fälle!
- Ein Fleck auf deiner Hose kommt dir viel schlimmer vor als allen anderen! Wahrscheinlich würden die meisten ihn nicht einmal bemerken, denn normalerweise guckt man den Leuten ja nicht demonstrativ zwischen die Beine. Und sollte es doch jemand sehen, wird er oder sie ja nicht gerade so dreist sein, dich lautstark darauf hinzuweisen!

Checkliste

Hoffentlich kommt dir das alles langsam immer weniger erschreckend vor. Als letzte Beruhigungs-Pille kommt hier eine Checkliste, anhand der du überprüfen kannst, ob du gut vorbereitet bist. Und dann auf zu den lustigen Seiten des Frauseins!

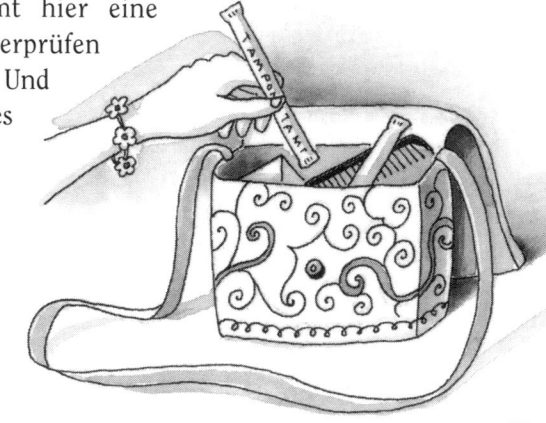

__ Ich habe Binden/Tampons gekauft und ein besonderes „Extra" für den großen Tag besorgt!

__ Für den Fall der Fälle habe ich auch Binden/Tampons in meiner Schultasche.

__ Ich ernähre mich vernünftig, halte mich fit und schlafe genug.

__ Ich trinke mindestens 6 Gläser Wasser/Saft am Tag.

__ Ich passe auf, dass ich nicht zu viel unternehme, sondern auch noch Zeit für mich alleine habe.

__ Ich habe eine erwachsene Freundin, mit der ich gut über alles reden kann.

__ Ich führe ein Tagebuch.

__ Jeden Tag komme ich mit meinen Fragen, Ängsten und meinem Dank zu Gott.

Du bist startbereit, Mädel! Jetzt kannst du ganz relaxed sein, denn es ist richtig toll und aufregend, eine Frau zu werden!

Seerosenblatt

Frag drei Frauen nach ihren lustigsten oder bemerkenswertesten Erlebnissen rund um die Tage.

Vielleicht hast du auch schon eine Geschichte dazu zu erzählen? Dann schreib sie hier auf!

5. Brust raus, Bauch rein

Noch ist unsere kleine Schwester für die Liebe viel zu jung,
denn sie hat noch keine Brüste . . .
(Hoheslied 8,8)

Die erste Veränderung, die die Leute an dir bemerken werden, wenn du so langsam kein kleines Mädchen mehr bist, sind deine wachsenden Brüste. Sie sind nun mal das deutlichste Erkennungsmerkmal einer Frau, und du bist dabei, eine zu werden!

Alle Größen und Formen . . .

Normalerweise beginnen die Brüste eines Mädchens zwischen dem zehnten und dreizehnten Lebensjahr zu wachsen. Wenn es bei dir früher oder später losgeht, ist das kein Grund zur Sorge. Gott hat eben für jedes Mädchen seinen ganz speziellen Entwicklungsplan! Niemand weiß übrigens, wie groß deine Brüste letztlich werden und wie lange sie sich entwickeln. Eine Faustregel besagt, dass sie ungefähr vier bis fünf Jahre zur Ausreifung brauchen.

Es kann sein, dass zuerst eine Brust schneller wächst als die andere. Das ist ganz normal und es gleicht sich später wieder aus. Ganz identisch sind die Brüste bei keiner Frau, auch wenn das nicht auffällt!

Mach dich nicht verrückt, indem du deine Brüste mit denen von anderen Mädchen vergleichst, weil es nämlich beinahe so viele verschiedene Größen und Formen gibt wie Mädchen auf der Welt. Gewöhne dich an deine eigenen und fang an, sie zu mögen, denn sie gehören zu dir!

Mach den Test

Schau dir mal in einem stillen Moment vor dem Spiegel deine Brüste genau an und finde ein paar interessante Dinge über sie heraus!

Meine Brüste . . .
* sind noch nicht zu sehen!
* fangen an zu „knospen". Die Brustwarzen und die Höfe darum herum sind größer und dunkler geworden.
* haben schon eine recht ansehnliche Größe und die Brustwarzen und Höfe entwickeln sich auch immer mehr.
* wachsen immer weiter und die Brustwarzen und Höfe bilden eine kleine Spitze.
* sind voll und rund und die Brustwarzen stehen etwas vor. Es ist ungefähr vier Jahre her, dass sie angefangen haben zu wachsen.

Jede dieser Phasen ist ein normaler Entwicklungsschritt deiner Brüste. Irgendwie ist es lustig, sie zu beobachten und zu sehen, wie sie sich verändern. Wenn immer mal wieder leichte Schmerzen, Empfindlichkeiten und ein Ziehen vorkommen, ist das ganz normal – es sind sozusagen Wachstumsschmerzen.

Meine Brüste . . .

- sind rund,
- sind eher oval/birnenförmig,
- sind ein bisschen spitz,
- setzen sehr weit oben an der Brust an,
- stehen nach oben,
- zeigen ein bisschen nach unten,
- haben rosa Höfe,
- haben braune Höfe,
- haben hervorstehende Brustwarzen,
- haben flache Brustwarzen,
- haben kleine Härchen um die Brustwarzen,
- sind völlig haarlos.

Welche dieser Attribute passen zu deinen Brüsten? Es können einige davon auf sie zutreffen. Wenn du nun deine eigene „Kombination" so ansiehst, was meinst du, wie viele verschiedene es gibt? Gott hat sie alle erfunden. Jede Brust ist eine wunderschöne „Kreation" von ihm und eines Tages wird sie vielleicht mal ein süßes Baby stillen! Deine Brust ist ein tolles Zeichen deiner Weiblichkeit. Freu dich dran!

BHs & Co.

Wenn deine Brüste zu wachsen beginnen, kommt wahrscheinlich auch die Frage nach dem ersten BH auf. Woher weißt du, wann du einen brauchst, welche Art und welche Größe zu dir passt?

Fragen & Antworten

Susi: *Ich glaube, ich brauche bald einen BH, aber sicher bin ich mir da nicht. Wie weiß ich denn, wann es soweit ist?*

Die Faustregel ist: Fühlst du dich mit einem BH besser als ohne? Du kannst dich auch fragen:
- Ist es mir unangenehm, dass man meine Brüste jetzt unter dem T-Shirt sehen kann?

- Ist es mir peinlich, dass meine Brüste beim Laufen oder Rennen „hüpfen"?
- Tun mir meine Brüste beim Sport weh?

Wenn du eine oder mehrere dieser Fragen mit einem Ja beantwortet hast, ist es wahrscheinlich an der Zeit für einen BH!

Reni: Ich würde eigentlich gerne einen BH tragen, aber meine Mutter scheint irgendwie nicht wahrhaben zu wollen, dass ich langsam erwachsen werde. Wie kann ich mit ihr darüber reden, ohne dass sie ausflippt?

Die meisten Mütter haben ein bisschen Schwierigkeiten damit, wenn ihre Töchter keine kleinen Mädchen mehr sind, sondern zu Frauen heranwachsen. Überleg dir genau, warum du einen BH tragen möchtest und wie du das rüberbringst. Dann passe deine Mutter in einem Moment ab, in dem sie nicht genervt oder abgelenkt ist, und trage dein Anliegen ruhig und höflich vor. Ich würde übrigens Bemerkungen wie: „Aber alle anderen haben auch einen!" weglassen. Das ist kein Argument!

Frag deine Mutter, ob sie mit dir einkaufen geht und dir hilft, einen auszusuchen. Zwar würde es vermutlich mehr Spaß machen, mit deinen Freundinnen loszuziehen, aber Mütter werden in diese wichtige Sache nun mal gern mit einbezogen und es wäre nicht sehr diplomatisch, es hinter ihrem Rücken zu machen!

Wenn deine Mutter Nein sagt, könntest du erst mal ein eng sitzendes Top oder Bustier unter Pulli oder Shirt tragen, um deine Brüste etwas zu stabilisieren. So kannst du die Zeit überbrücken, bis deine Mutter ihre Meinung schließlich doch ändert. Und das wird sie tun, wenn sie einsieht, dass man das Rad der Zeit nicht zurückdrehen kann und dass es schön ist, wie du zu einer jungen Frau heranreifst.

Lilly: Ich habe schon recht große Brüste und trage einen BH. Meine Brüder und die Jungs in meiner Klasse ziehen mich ständig deswegen auf, vor allem, wo ich so ziemlich das erste Mädchen in meiner Klasse bin, das schon so weit ist. Ich finde es echt ätzend! Haben die denn kein anderes Thema?

Tja, da kannst du wohl im Moment leider nicht viel machen. Manche Leute brauchen eben ein bisschen länger, um erwachsen zu werden (vor allem Jungs!!!!). Bis die anderen Mädchen in deiner Klasse entwicklungsmäßig aufgeholt haben und es nichts Besonderes mehr ist, dass ein Mädchen Brüste hat, kannst du dich unauffällig kleiden und einen guten BH tragen, der sich nicht unter den Klamotten abzeichnet. So lenkst du nicht noch mehr unerwünschte Blicke auf dich. Keine Sorge, bald redet keiner mehr darüber!

Chrissi: Woher weiß ich denn, welche Größe ich brauche? Ich kapiere diese Größenangaben auf den BHs einfach nicht!

BH-Größen gliedern sich in zwei Teile: Eine Zahl für den Brustumfang und einen Buchstaben für die Körbchengröße. Wenn du also eine Größe „75B" siehst, bedeutet das, dass dieser BH für eine Frau mit relativ schmalem Brustkorb, aber recht vollen Brüsten passt. Am besten misst du deinen Brustumfang einfach mal aus, damit du schon mal einen Richtwert hast: Such dir ein Maßband und leg es um deinen Brustkorb unter deinen Brüsten (vielleicht kann dir ja eine Freundin oder deine Mutter dabei helfen?). Damit hast du den Brustumfang. Die Körbchengröße hängt von der tatsächlichen Größe, aber auch von der Form deiner Brüste ab. Du solltest BHs sowieso immer anprobieren, denn wenn dir einmal ein 85B-BH gepasst hat, kann ein anderer in dieser Größe ganz anders ausfallen.

Ein BH passt, wenn . . .
- er sich unter dem T-Shirt nicht oder nur wenig abzeichnet.
- er nirgendwo drückt oder zwickt und auch nichts „herausquillt"; er sollte nur angenehm-elastischen Halt bieten.
- der Verschluss hinten am Rücken nicht hoch wandert.
- die Träger nicht von deinen Schultern rutschen.

Ein bisschen kann man den Sitz des BHs verändern, indem man die Häkchen hinten enger oder lockerer stellt oder die Träger verkürzt oder verlängert.

Lilly: Es gibt so viele Formen und Arten von BHs, ich bin schon ganz konfus. Was für einen soll ich denn nun kaufen?

Du hast schon Recht, es gibt wirklich eine Riesenauswahl! Welche Farbe und welches Material du wählst, ist reine Geschmackssache. Grundsätzlich kann man vier Arten von BHs unterscheiden:

- *BH mit Softcup:* So ein BH ist weich und dehnbar und hat unter den Brüsten ein elastisches Band. Wenn er gut passt, ist er sehr bequem und angenehm zu tragen. Mädchen mit nicht allzu großen Brüsten bietet er genügend Halt.

- *Bügel-BH:* Bei diesem BH verläuft unten um die Brust ein Bügel aus Plastik oder Metall. Er bietet größeren Brüsten Halt und formt auch ein bisschen stärker. Bei einem Bügel-BH ist es ganz besonders wichtig, dass er genau passt und nirgends drückt. Dann ist er sehr angenehm zu tragen und engt auch nicht ein.
- *Sport-BH:* Wie der Name schon sagt ist so ein BH für sportliche Aktivitäten gedacht. Meist haben die Sport-BHs den Verschluss vorne (praktisch!), sind aus etwas festerem Material, um guten Halt zu geben, und im Rücken verläuft ein einzelner Träger zwischen den Schulterblättern, damit auch in der Bewegung nichts verrutschen kann. Viele Mädchen fühlen sich in Sport-BHs so wohl, dass sie sie immer tragen.
- *Push Up-BH:* „Push Up" bedeutet soviel wie „hochschieben" und dazu ist dieser BH gedacht: Er soll den Busen aufpolstern. Damit er seinen Zweck erfüllt, muss man ihn ziemlich eng geschlossen tragen. Es gibt Push Ups mit einem zusätzlichen Polster und ohne. Bei den Push Ups mit zusätzlichem Polster sieht der Busen größer aus, ansonsten sitzt er einfach nur höher. Sicherlich ist so ein BH nichts für jeden Tag, aber er sieht toll aus unter weiten Ausschnitten!

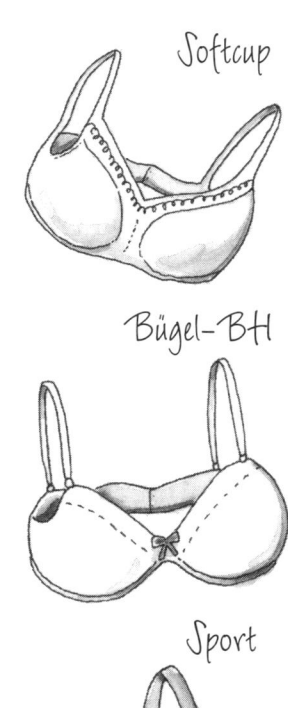

Softcup

Bügel-BH

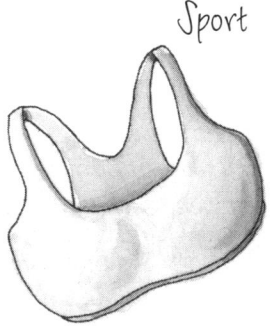

Sport

Zu groß, zu klein . . .

Wie „der perfekte Busen" aussieht, ist reine Geschmackssache. Für manche Leute ist er voll und üppig, wieder andere finden kleine Brüste schön. Eins ist klar: den „perfekten Busen" gibt es nicht! Für jeden ist es der, der ihm am besten gefällt!

Schwierig wird es erst, wenn Leute sich dauernd über die Körbchengröße von anderen auslassen müssen! Oder wenn sie ihr eigenes Aussehen nicht leiden können. Hast du schon mal Aussagen wie folgende gehört oder sogar selbst getroffen?

- „Ich bin so flachbrüstig, dass alle mich für einen Jungen halten!"
- „Wenn nicht bald ein Wunder geschieht, stopf ich mir meinen BH mit Taschentüchern aus!"

- „Ich habe die größten Brüste von allen Mädchen an meiner Schule! Oder kennst du sonst jemanden, der Körbchengröße C trägt? Die Jungs nennen mich schon immer Dolly, ich hasse das!"
- „Mir ist es total peinlich, vor einer Freundin den BH auszuziehen, weil ich diese ätzenden Härchen an meinen Brustwarzen habe. Das sieht doch irgendwie männlich aus!"

Auch wenn es deinen Freundinnen oder Erwachsenen gar nicht so schlimm vorkommt, kann so etwas für dich schon ein echt schwerwiegendes Problem sein. Dann ist es das Beste, damit zu Gott zu gehen!

Mit Gott darüber reden

Es hilft immer, wenn man sich ein ruhiges Plätzchen sucht und Gott sein Herz ausschüttet – laut, auf dem Papier oder nur in Gedanken. Wenn du ein bisschen Hilfe brauchst, um anzufangen, hier ein Vorschlag:

Lieber .... (deine Lieblingsanrede für Gott)!

Ich hab da ein paar Probleme mit dieser Busensache. Mir ist klar, dass ich eigentlich meinen Körper so mögen müsste, wie du ihn gemacht hast, aber da brauche ich wohl noch ein bisschen Nachhilfe. Würdest du mir wohl helfen,

- *die Brüste zu akzeptieren und zu mögen, die du mir gegeben hast, obwohl ich sie .... finde?*

- *zu verstehen, dass es nicht nur meine Brüste sind, die mich weiblich machen, sondern dass ich durch und durch eine Frau bin, auch wenn ....*

- *nicht an mir herummanipulieren zu wollen, indem ich ....*

- *mich nicht von dummen Sprüchen provozieren zu lassen, die von Leuten wie .... kommen?*

- *mich nicht über irgendeinen dieser Punkte so aufzuregen, dass ich mir den ganzen Spaß am Frauwerden entgehen lasse!*

Denk daran, dass Gott dich ganz genau kennt, dass er einen tollen Plan für dein Leben hat, dass er weiß, was du gerade denkst und fühlst und dass er die ganze Zeit an deiner Seite ist. Das hilft!

Seerosenblatt

Der absolut perfekte BH für mich würde folgendermaßen aussehen:

57

6. Das Ganze ist einfacher, wenn du dich gut ernährst

Weiter sagte Gott zu den Menschen:
„Als Nahrung gebe ich euch die Samen
der Pflanzen und die Früchte, die an den Bäumen wachsen,
überall auf der ganzen Erde."
(1. Mose 1,29)

Gibt es irgendetwas Langweiligeres, als ein Kapitel über gesunde Ernährung zu lesen? Na ja, eigentlich schon. Wir könnten zum Beispiel über die Im- und Exportgeschäfte von Peru reden oder Primzahlen diskutieren oder . . .

Also, was ich sagen will: Es gibt durchaus weniger interessante Themen als Essen und Ernährung, und es kann sogar richtig Spaß machen, sich damit zu beschäftigen. Schließlich gibt es nichts, das unser Aussehen und unser Lebensgefühl so nachhaltig beeinflusst wie unsere Ernährung. Außerdem liegt auch Gott das Thema ziemlich am Herzen!

Was hat sich Gott dabei gedacht?

In der Bibel gibt es tatsächlich Hunderte von Stellen, die sich auf das Essen und die Ernährungsgewohnheiten beziehen. Sie handeln von den Dingen, die man zu sich nehmen sollte (Milch, Butter, Käse, Brot, Vollkornprodukte, Fisch, Schaf-, Ziegen- und Rindfleisch, Kräuter, Früchte, Honig, Öl, Essig . . .), ihrer Zubereitung, den Dingen, die man nicht essen sollte (Schwein, Dachs oder Kamel – als ob wir so was essen würden!!) und auch von der Frage, wie viel man essen sollte, mit wem und wo!

Paulus fasst es für meine Begriffe am besten zusammen, wenn er in Römer 14,17 schreibt: *Wo Gott seine Herrschaft aufrichtet, geht es nicht um Essen und Trinken, sondern um ein Leben unter der rettenden Treue Gottes und in Frieden und Freude, wie es der heilige Geist schenkt.*

Essen, sagt Paulus weiter in 1. Korinther 8,8, bringt uns Gott nicht näher. Aber die Art, wie wir mit unserem Körper umgehen, kann uns helfen, eine bessere Beziehung zu Gott aufzubauen: *Denn der Tempel Gottes ist heilig, und dieser Tempel seid ihr!* (1. Korinther 3,17). Dein Körper ist der Tempel Gottes und du solltest gut mit ihm umgehen!

Ein empfindliches Gleichgewicht

Du bist gerade im Wachstum, deshalb ist es wichtig, dass du deinem Körper eine ausgewogene Mischung von Nahrungsmitteln zukommen lässt. Der Trick dabei ist, viel von den „guten" Lebensmitteln zu essen (wie Obst, Gemüse und Vollkornprodukte) und möglichst wenig von den „schlechten" (Süßigkeiten und Fettbomben)!

Mach den Test

Bevor du den Test machst, müssen wir uns erst mal darüber einig sein, wie viel „eine Portion" eigentlich ist, sonst wird es schwierig! Also, hier eine Liste davon, was ich bei verschiedenen Lebensmitteln so ungefähr mit „einer Portion" meine!

Brot: 1 Scheibe
Cerealien/Müsli: 1/2 Tasse
Gemüse: faustgroße Menge
Obst: 1 Apfel o. ä.
Beeren: 1 Tasse
Milch: 1 Tasse
Käse: golfballgroße Portion
Fleisch: 1 Stück etwa so groß wie ein Kartenspiel
Schokolade: eine kleine Handvoll

Kreise jetzt die Portionen ein, die du von einem Nahrungsmittel täglich im Durchschnitt zu dir nimmst. Aber bitte ehrlich sein, sonst bringt es nichts! Vielleicht musst du mal einen Tag lang ganz bewusst darauf achten, was du so isst, damit du richtig antworten kannst. Natürlich isst man nicht jeden Tag genau das Gleiche, aber es gibt schon bestimmte Gewohnheiten, die man angeben kann.

Wie viele Portionen Brot, Cerealien/Müsli, Toast, Reis, Nudeln oder andere Getreideprodukte nimmst du ungefähr am Tag zu dir?

10   9   8   7   6   5   4   3   2   1   0

Wie viele Portionen Gemüse sind es im Durchschnitt?

10   9   8   7   6   5   4   3   2   1   0

Wie sieht es mit Obst aus? Hierzu zählen auch Fruchtsäfte ohne Zuckerzusatz!

10   9   8   7   6   5   4   3   2   1   0

Wie viele Portionen Milchprodukte stehen täglich auf dem Tisch? Hierzu zählen Milch, Quark, alle Sorten Käse und Joghurt.

10   9   8   7   6   5   4   3   2   1   0

Wie viel Fleisch (hierzu rechnen wir auch Fisch und Geflügel) gönnst du dir am Tag?

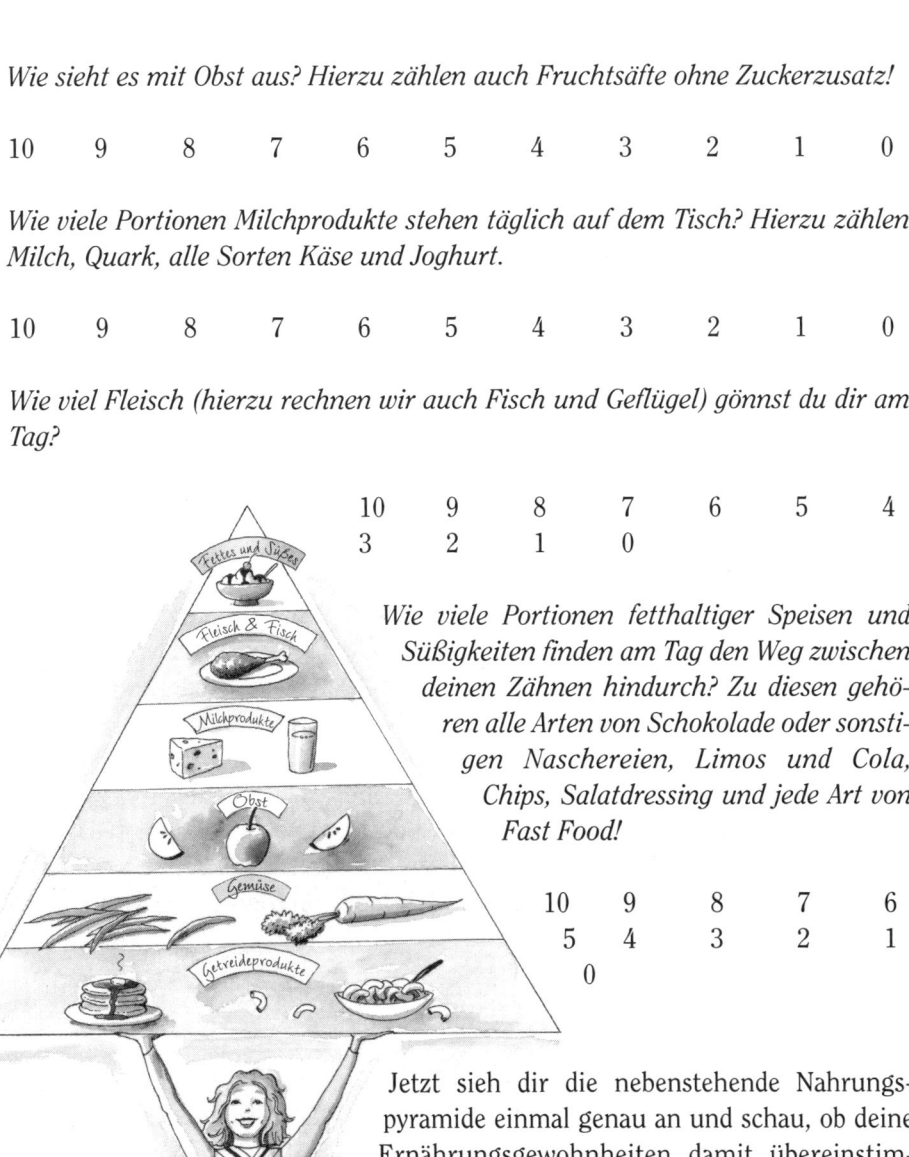

10   9   8   7   6   5   4
3   2   1   0

Wie viele Portionen fetthaltiger Speisen und Süßigkeiten finden am Tag den Weg zwischen deinen Zähnen hindurch? Zu diesen gehören alle Arten von Schokolade oder sonstigen Naschereien, Limos und Cola, Chips, Salatdressing und jede Art von Fast Food!

10   9   8   7   6
5   4   3   2   1
0

Jetzt sieh dir die nebenstehende Nahrungspyramide einmal genau an und schau, ob deine Ernährungsgewohnheiten damit übereinstimmen. Je breiter die Pyramide, desto mehr von diesen Nahrungsmitteln sollten zu deinem täglichen Speiseplan gehören!

Diese Pyramide wurde übrigens von Leuten entwickelt, die ihr ganzes Leben der Forschung über gesunde Ernährung gewidmet haben!

Susi: *Ich nehme am Tag drei Mahlzeiten zu mir, wie man es ja auch machen sollte, wenn man wie*

61

ich viel Sport treibt. Aber trotzdem werde ich auch zwischendurch immer wieder hungrig. Ich habe gehört, dass man zwischendurch nichts essen soll, weil man sonst dick wird!

Derjenige, der dir das erzählt hat, war wahrscheinlich ein Stubenhocker! Für die meisten sehr aktiven Leute sind drei Mahlzeiten am Tag nicht genug. Nimm dir ruhig Snacks für zwischendurch mit, und vor dem Zubettgehen könntest du noch ein Glas Milch trinken. So lange deine Zwischenmahlzeiten aus gesunden Sachen wie Obst, Käse, Joghurt usw. bestehen, brauchst du keine Angst vor dem Dickwerden zu haben. Wenn du dich viel bewegst, verbrennst du eben auch viele Kalorien!

Zoey: Wenn mir langweilig ist, gehe ich immer zum Kühlschrank und hole mir was zu futtern. Ist das schlimm?

Essen ist nie „schlimm", wenn man Hunger hat! Wenn du dich aber nur aus Langeweile voll stopfst oder weil es eben deine Gewohnheit ist, jeden Abend vor dem Fernseher eine Tüte Chips und eine Dose Cola zu vernaschen, kann es schon schädlich sein! Versuch am besten, nur dann etwas zu essen, wenn du auch wirklich Hunger hast, und aufzuhören, wenn du satt bist! Als du noch klein warst, haben deine Eltern dich bestimmt dazu angehalten, deinen Teller leer zu essen (das war ja auch richtig, schließlich konntest du selbst noch nicht beurteilen, wie viel Essen du brauchst). Aber jetzt kannst du deine Portionen selbst bestimmen und es muss wirklich nicht sein, dass du dich total voll frisst und nachher nicht mehr „Papp" sagen kannst!

Chrissi: Sollte ich zusätzlich Vitaminpräparate einnehmen?

Die meisten Ärzte und Ernährungswissenschaftler sind der Meinung, dass das unnötig ist, wenn man sich gesund und ausgewogen ernährt – außer natürlich, man hat einen nachgewiesenen Mangel. Das Problem bei Vitamintabletten ist auch, dass die Vitamine darin meist künstlich hergestellt werden und vom Körper längst nicht so gut aufgenommen werden wie natürliche Vitamine. Aber hier kommt erst mal eine Auflistung, welche Vitamine und Mineralien in welchen Nahrungsmitteln enthalten sind und was sie nützen. Vielleicht macht dir das ja noch mehr Lust auf eine gesunde Ernährung!

Vitamin A: sorgt für gute Sicht und klare Haut. Kommt in gelben Früchten, Gemüse und vor allem Spinat vor.

Vitamin B: gibt Energie und findet sich in Fisch, Fleisch, Geflügel, Salaten, Bohnen und Vollkornprodukten.

Vitamin C: stärkt die Abwehrkräfte sowie Knochen, Muskeln, Zähne und Zahnfleisch. Es ist besonders stark enthalten in Orangen, Erdbeeren, Brokkoli und Spinat.

Vitamin D: festigt Zähne und Knochen und kommt in Milch, Eiern, Lachs und Leber vor.

Vitamin E: ist gut für die Haut, die Augen und die Leber sowie die Muskeln. Steckt in grünem Gemüse, Nüssen, Avocados und Sonnenblumenkernen.

Vitamin K: beschleunigt den Heilungsprozess bei Wunden und steckt in Brokkoli, Spinat, Salat und Käse.

Kalzium: wichtig für den Knochenaufbau. Vor allem vertreten in Brokkoli, Kohl und Milchprodukten (in deinem Alter sind daher drei Gläser Milch am Tag gut!).

Eisen: wichtig für die Blutbildung. Kommt in rotem Fleisch, Kartoffeln, Rosinen und Vollkornbrot vor.

Du und das Essen

Wir müssen essen, um zu leben, und deshalb ist das, was wir zu uns nehmen, von größter Wichtigkeit! Andererseits sollten wir auch nicht nur noch an die Ernährung denken. Wenn wir uns über Einstellungen unterhalten – also die Art, wie du über eine bestimmte Sache denkst und fühlst –, dann ist es immer gut, wenn du damit erst mal zu Gott gehst und mit ihm darüber redest. Nur so kannst du feststellen, ob du auf dem richtigen Weg bist. Es ist Zeit, mal wieder mit Gott zu reden . . .

- wenn du unglücklich mit deinem Aussehen bist,
- wenn du zu viel isst,
- wenn du nicht genug isst,
- wenn du dich ungesund ernährst,
- wenn du zu Hause kein gesundes Essen bekommst,
- wenn du kein gesundes Essen magst,

- wenn du dir schon ganz komisch vorkommst, weil du dir Gedanken über deine Ernährung machst und allen anderen das völlig schnuppe ist,
- wenn du sowieso schon so viel um die Ohren hast, dass du dich nicht auch noch mit dem Thema Ernährung auseinander setzen kannst.

Gott möchte natürlich, dass du gesund bist, aber er will nicht, dass das Thema Ernährung dich belastet. Ihm ist immer noch das Herz das Wichtigste und er möchte, dass du den Kopf frei hast, um auf ihn zu hören. Wenn du in Jesu Namen um etwas bittest, wirst du eine Antwort bekommen – ob es nun um die Ernährung oder was anderes geht!

Mach's einfach!

Ich habe ja bereits weiter oben mal behauptet, dass die Beschäftigung mit Ernährungsfragen richtig Spaß machen kann. Unten findest du eine Liste für einen Tag, in die du eintragen kannst, was du so alles essen willst. Orientiere dich an der Nahrungspyramide und wähle nur Sachen aus, die du auch wirklich gern isst. Du könntest auch ein Rezeptbuch zu Rate ziehen, um Ideen zu bekommen. Dann versuche, einen ausgewogenen Tagesplan zusammenzustellen. Du wirst staunen, wie lecker gesundes Essen sein kann!

Frühstück
Getreideprodukte _____
Getreideprodukte _____
Obst _____
Milchprodukte _____

Vormittagssnack
Getreideprodukte _____
Obst _____

Mittagessen
Getreideprodukte _____
Getreideprodukte _____
Gemüse _____
Milchprodukte _____
Fleisch/Fisch _____

Nachmittagssnack

Getreideprodukte _____

Getreideprodukte _____

Obst _____

Gemüse _____

Abendessen

Getreideprodukte _____

Getreideprodukte _____

Gemüse _____

Gemüse _____

Milchprodukte _____

Fleisch/ Fisch _____

Jetzt kannst du nachträglich noch ein bisschen Fett zu deinen Menus zufügen (Butter aufs Brot oder Dressing zum Salat) und dazu eine leckere Süßigkeit pro Tag. Wohl bekomm's!

Seerosenblatt

Schreib hier dein absolutes Traum-Menü auf, von Vorspeise über Hauptgericht bis zum Nachtisch – das Wasser soll dir im Mund zusammenlaufen!

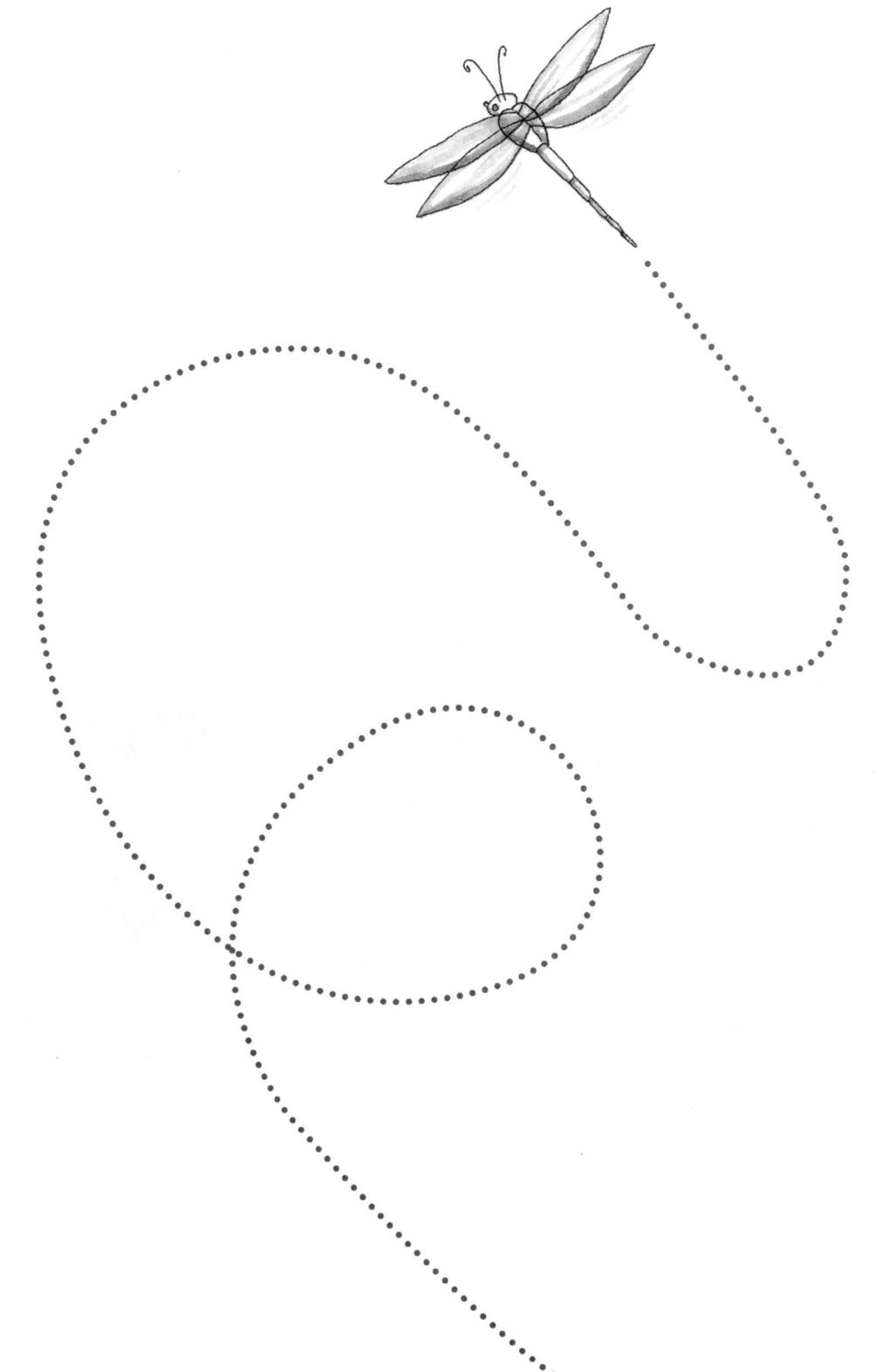

7. Das Ganze ist einfacher, wenn du Sport machst

Sie packt ihre Aufgaben energisch an und scheut keine Mühe.
(Sprichwörter 31,17)

Mal herhören, Stubenhocker!

Ja, ja, ich weiß: Einige von euch denken jetzt: „Ach, lass mich doch in Ruhe! Ich hasse Sport. Lieber roll ich mich mit einem Buch auf dem Sofa zusammen und außerdem bin ich gar nicht dick!"

Ganz locker bleiben, Ladys! Es gibt ein paar gute Nachrichten:

- Sich Bewegung zu verschaffen bedeutet nicht gleich Leistungssport zu treiben.
- Du hast immer noch jede Menge Zeit für dein gutes Buch!

Mal ganz davon abgesehen geht es beim Sport nicht nur darum, abzunehmen, sondern darum,

- mehr Energie für all die anderen netten Dinge des Lebens zu haben,
- besser zu schlafen,
- deine Muskeln zu stärken und dadurch besser auszusehen,
- dein Herz und deine Lungen zu kräftigen,
- den Stoffwechsel anzuregen und Fett zu verbrennen,
- dein Selbstvertrauen aufzubauen und
- deinen „Tempel" gut zu pflegen, weil er Gott gehört!

Okay, okay, dann mache ich also Sport. Aber was und wie oft?

Mach den Test

Kreise jeweils die Antwort ein, die am ehesten auf dich zutrifft. Dann reden wir darüber, was du tun solltest, um auf den für dich richtigen „Trainings-Trichter" zu kommen!

Ich mache Aerobic (also Tanzen und Turnen, aber so „sportlich", dass die Herzfrequenz sich erhöht und die Atmung sich beschleunigt)...
a   jeden Tag mindestens 2 Stunden.
b   ungefähr dreimal die Woche mindestens 20 Minuten.
c   so selten wie möglich!

Wenn ich Sport mache (freiwillig oder in der Schule), atme ich . . .

a so schwer, dass ich auf keinen Fall mehr sprechen könnte.

b schon so heftig, dass ich nicht mehr singen könnte, aber reden geht gerade noch.

c ganz normal, weil ich mich nur gerade so viel anstrenge wie unbedingt nötig.

Wenn ich Sport mache, denke ich daran . . .

a wie es mir geht, ob meine Herzfrequenz in Ordnung ist und wie lange ich noch weitermachen werde.

b wie viel Spaß mir das doch macht.

c wann es endlich vorbei ist!

In meinem normalen Alltag bin ich . . .

a ständig in Bewegung, ich sitze so gut wie nie still.

b viel in Bewegung, aber ich kann mich auch mal richtig er

c so wenig in Bewegung wie möglich.

Wenn ich irgendwohin muss und die Strecke nicht allzu weit ist . . .

a fahre ich mit dem Fahrrad, und zwar so schnell es geht, oder ich renne.

b gehe ich zu Fuß.

c überrede ich jemanden, mich zu fahren.

Wenn ich heute auf eine Wanderung von 5 Kilometern gehen würde, würde ich . . .

a vermutlich mit Leichtigkeit alle anderen abhängen.

b mich vermutlich ziemlich anstrengen müssen, aber es würde mir Spaß machen.

c vermutlich auf halber Strecke tot umfallen!

Sieh dir jetzt die Buchstaben an, die du eingekreist hast. Welcher kommt am häufigsten vor?

Wenn du hauptsächlich a) eingekreist hast, treibst du offensichtlich jede Menge Sport – das ist prima! Aber achte gut darauf, wie es deinem Körper dabei geht. Wenn dir irgendetwas weh tut oder dir schwindelig wird, solltest du sofort aufhören und dich hinsetzen. Diese Symptome sind Warnzeichen, die dir dein Körper sendet, wenn du es übertreibst. Auch deine Gedanken sind wichtig: Macht dir der Sport wirklich Spaß oder setzt du dich selbst unter Druck, weil du meinst, du müsstest dir oder anderen etwas beweisen? Vielleicht kannst du ja ein oder zwei Sachen vom Trainingsplan streichen, denn man kann auch des Guten zu viel tun und sich damit schaden!

Wenn du hauptsächlich b) eingekreist hast, hast du genau die richtige Einstellung zu Fitness und Sport. Du bewegst dich genug und – ganz wichtig – es macht dir Spaß. Damit stehen die Chancen gut, dass du es dein Leben lang weiter so hältst.

Wenn du hauptsächlich c) eingekreist hast, dann wird es Zeit, dass du dich mal aus dem Sessel hievst! Vielleicht bist du nicht gerade der athletische Typ, aber so was wie Spaziergänge, Fahrradfahren, Tanzen und auf Bäume klettern bringt dich sicher nicht gleich um. So lange du es hinbekommst, dich mindestens dreimal in der Woche wenigstens 20 Minuten schneller zu bewegen, so dass sich deine Atmung beschleunigt und deine Herzfrequenz erhöht, ist alles bestens und dein Körper wird es dir danken. Es ist nicht schlimm, wenn dir anfangs 20 Minuten ziemlich lange vorkommen. Dann machst du eben nur 10 oder 5 Minuten etwas und baust deine Kondition langsam auf. Ich garantiere dir, dass du dich sehr bald viel besser fühlen wirst und viel mehr Energie für andere Dinge aufbringst!

Fragen & Antworten

Lilly: *Ich sehe öfter diesen älteren Mann in Joggingsachen, der sich immer erst großartig dehnt und stretcht, bevor er losläuft. Zieht der nur eine Show ab oder muss er das aus Altersgründen machen?*

Eigentlich hat das gar nichts mit dem Alter oder mit Angeberei zu tun. Jeder, der Sport macht, sollte vorher seine Muskeln dehnen. Das bereitet dich innerlich auf den Sport vor und schützt vor Verletzungen wie Zerrungen, Verstauchungen etc. Dasselbe gilt übrigens auch nach dem Training. Während sich deine Herzfrequenz und die Atmung langsam beruhigen, solltest du deine Muskeln leicht dehnen. Das entspannt und bewahrt dich davor, dass du am nächsten Tag vor Muskelkater am Stock gehst!

Reni: *Neulich habe ich ein altes Fitness-Video gesehen und darin haben die Leute ganz extreme Dehnübungen gemacht und dabei noch nachgefedert, zum Beispiel beim seitlichen Hüftdehnen. Ist das denn richtig?*

Nein, das war mal eine Modewelle in den 70er Jahren. Inzwischen besagt die medizinische Kenntnis, dass man den Muskeln schadet, wenn man in einer Dehnung noch nachfedert. Das kann zu Muskelrissen führen!

Man sollte jeden Muskel vielmehr ganz langsam und sorgfältig dehnen, dann diese Stellung etwa zehn Sekunden halten.

Susi: *Mein Sportlehrer lässt uns immer so hässliche Knieschoner und alles mögliche andere anziehen, wenn wir neue Sachen lernen. Das macht er doch sicher nur, damit er keinen Ärger kriegt, wenn jemand sich verletzt, oder? Wenn ich alleine turne, muss ich doch den ganzen Kram nicht auch tragen, oder?*

Doch, das solltest du schon, denn es gilt: Vorbeugen ist besser als heilen. Wenn du mit dem Fahrrad unterwegs bist, trag einen Helm. Beim Rollerbladen solltest du Knieschoner, Armschoner und einen Helm tragen. Bei Ballspielen schützen Sportschuhe mit hohem Schaft deine Bänder.

Wenn du deinen Lieblingssport alleine betreibst, solltest du dieselbe Schutzkleidung tragen, die dein Lehrer auch für den Unterricht vorsieht. Damit will er dich nicht tyrannisieren, sondern schützen! Warum sich weh tun, wenn man es vermeiden kann?

Chrissi: *Ich gehe total gern auf die Rollschuhbahn. Aber meine Mutter gibt mir immer etwas zu trinken mit, weil sie meint, ich würde dort viel Schwitzen und müsste das ausgleichen. Ist das nicht ein bisschen übertrieben?*

Nein, deine Mutter hat Recht. Die Flüssigkeit, die man verliert, sollte man so schnell wie möglich ersetzen. Also wenn es geht, während dem Sport ständig viel trinken!

Zoey: *Ich weiß, dass man viel Sport machen soll und so, aber ich bin so unfähig! Völlig unkoordiniert. Beim Volleyball oder Basketball lande ich nie auch nur einen Treffer, und die anderen lachen mich entweder aus oder brüllen mich an, weil ich ihnen das Spiel verderbe. Das ist doch total ätzend!*

Na gut, vielleicht bist du wirklich nicht gerade ein begnadetes Talent, aber so unkoordiniert, wie du dich im Moment fühlst, wirst du nicht mehr lange bleiben! Dein Körper befindet sich im Wachstum und nicht alle Teile wachsen gleich schnell. Deswegen tun deine Arme und Beine einfach manchmal nicht, was sie sollen, oder du hast zumindest dieses Gefühl. Das wächst sich aus! Und in der

Zwischenzeit solltest du trotzdem weiter Sport machen, denn Übung gehört eben auch dazu.

Dass du nicht unbedingt üben willst, wenn alle anderen zugucken, ist klar! Am besten fängst du daher mit etwas an, das du alleine tun kannst; beispielsweise könntest du dir selbst ein paar Aerobic-Übungen ausdenken oder bei einem Fitness-Video mitturnen. Das macht sogar echt Spaß! Oder frag eine Freundin, die sich nicht über dich lustig machen wird, ob sie dir zeigt, wie man Badminton spielt oder auf dem Rücken schwimmt. Es gibt zwar wirklich Leute, die von Natur aus athletischer sind als andere, aber jeder Mensch muss eine Sportart erst lernen und trainieren. Und je mehr du das tust, desto besser kommst du mit deinem Körper klar. Und wer weiß, vielleicht wirst du ja doch noch richtig gut als Volleyballerin?!

Mach's einfach!

Lass uns doch mal mit dieser Fitness-Geschichte spielen. Etwas weiter unten findest du einen Wochenplan, in den du die körperlichen Betätigungen eintragen kannst, denen du bereits nachgehst: Sportunterricht, Fußmarsch von der Schule nach Hause usw.

Wenn du feststellst, dass du schon dreimal in der Woche richtig etwas für deine Fitness tust, kannst du dir auf die Schulter klopfen. Wenn du aber nicht einmal auf 20 Minuten dreimal in der Woche kommst, dann plane das jetzt fest ein und schreib es in deinen Kalender. Vergiss nicht,

- Sachen zu planen, die dir Spaß machen, wie Tanzen, Spiele, bei denen man nicht groß nachdenken muss, mit dem Fahrrad zu deinem Lieblingsplatz fahren etc.;
- praktische Dinge zu tun, wie zu Fuß zur Schule gehen, den Hof kehren, mit dem Fahrrad zu deiner Freundin düsen;
- jemanden von deinen Vorhaben zu informieren, der dir ein bisschen auf die Finger guckt, damit du dich auch an deinen Plan hältst;
- dich zu belohnen, wenn du die erste Woche konsequent durchgehalten hast – gönn dir eine halbe Tafel Schokolade, lies dein Lieblingsbuch zum tausendsten Mal, mach einfach was Schönes;
- das Ganze nächste Woche zu wiederholen!

Mit Gott darüber reden

Wie alle Themen, die dich bewegen, kannst du mit Gott auch über die Fitness-Sache sprechen. Er hört auf jedes Wort, das du sagst, ganz egal, wie albern dir das vorkommen mag. Sag ihm einfach alles, und wenn du ein bisschen Hilfe brauchst, um einen Anfang zu finden, kannst du die folgende Briefvorlage benutzen:

Lieber .... (dein Lieblingsname für Gott)!
Ich möchte wirklich auf diesen Körper Acht geben, der dein Tempel ist und dem du so viel Wert beimisst. Aber ich brauch ein bisschen Hilfe!
Mein größtes Problem beim Thema Fitness ist im Moment ....
...
Ich hasse es wirklich, wenn alle mich im Sportunterricht auslachen, weil ich
...
...
Wenn ich über Sport und Fitness und all das nachdenke, mache ich mir Sorgen um ....
...
Und wenn wir schon beim Thema Körper sind, Gott: Es tut mir Leid, dass ich
...
...
Würdest du mir bitte dabei helfen, ...
...?
Danke, dass du meinen Körper .... gemacht hast!
Ich hab dich lieb!
Deine ....

Seerosenblatt

Wenn ich ein Superstar in irgendeiner Sportart sein könnte, würde ich mir
.... aussuchen!

Ich kann es mir schon so richtig vorstellen . . .

8. Müll abladen verboten!

Wisst ihr denn nicht, dass euer Körper der Tempel des heiligen
Geistes ist? . . . Darum gehört ihr jetzt nicht mehr euch selbst.
Gott hat euch als sein Eigentum erworben. Also macht ihm jetzt
Ehre durch die Art, wie ihr mit eurem Körper umgeht!
(1. Korinther 6,19–20)

Du kommst jetzt an einen Punkt in deinem Leben, wo deine Eltern nicht mehr ständig um dich sind und du von vielen anderen Menschen beeinflusst wirst – Lehrer, Freunde, ältere Kids, Pastoren, Gemeindemitarbeiter . . . die Liste ist lang! Das ist ganz normal und gesund und trägt dazu bei, dass du deinen ganz eigenen Charakter und deine Lebenseinstellungen entwickeln kannst.

Aber es kann dich auch vor Herausforderungen und schwierige Entscheidungen stellen, unter anderem solche, die deinen Umgang mit deinem Körper betreffen. Früher oder später wirst du mit der Frage konfrontiert werden, wie du dich in Bezug auf die folgenden drei Dinge verhalten willst:

- Rauchen
- Alkoholkonsum
- Drogen

Vielleicht hast du für dich selbst schon eine Entscheidung getroffen und willst deinen Körper vor jeder Art von Schaden schützen. Gut für dich! Aber denk daran, dass auch die festesten Überzeugungen ganz schön ins Wackeln geraten können, wenn

- alle anderen „es" auch tun,
- alle anderen offensichtlich eine Menge Spaß dabei haben,
- alle anderen so unheimlich cool und erwachsen dabei aussehen,
- du der Meinung bist, dass es schließlich dein Körper und damit auch deine Entscheidung ist, was damit passiert!

Merkst du es schon? Es ist wirklich hart, da draußen zu den Versprechen zu stehen, die du dir selbst gegeben hast! Eigentlich gibt es nur eine Möglichkeit, sie einzuhalten: Geh damit zu Gott!

Was hat sich Gott dabei gedacht?

Wir haben ja schon gelesen, dass nach der Bibel unser Körper nicht einfach uns gehört, sondern dass er uns von Gott anvertraut worden ist. Blätter noch mal zurück zur Bibelstelle am Anfang des Kapitels.

So sieht es also aus. Was wir jetzt brauchen, ist die ständige Erinnerung, dass wir es ohne Gottes Hilfe nicht schaffen. Wenn du dir vornimmst, nichts mit Drogen zu tun haben zu wollen, auch wenn alle „wichtigen" Leute um dich herum damit einen Riesenspaß haben, dann musst du dich an Folgendes erinnern:

Gott ist treu und wird nicht zulassen, dass die Prüfung über eure Kraft geht. Wenn er euch auf die Probe stellt, sorgt er auch dafür, dass ihr sie bestehen könnt.
(1. Korinther 10,13)

Wenn du Nein zum Alkohol sagen willst, während all die „coolen" Leute um dich herum Party machen und trinken, halte dir Folgendes vor Augen:

Deshalb ordnet euch Gott unter! Leistet dem Teufel Widerstand, und er wird vor euch fliehen.
(Jakobus 4,7)

Wenn du vorhast, Nein zu dieser verlockend aussehenden Zigarette zu sagen, wo du doch eigentlich sooooo neugierig darauf bist, wie die wohl schmeckt, dann denk an das, was Jesus gesagt hat:

Ohne mich könnt ihr nichts ausrichten.
(Johannes 15,5)

Wenn du jeden Tag an deiner Beziehung zu Gott arbeitest, hast du seine Kraft im Hintergrund, wenn deine Überzeugungen auf dem Prüfstand stehen. Er wird dir helfen, zu deinen Versprechen zu stehen und Nein zu sagen, wenn es sein muss. Wer weiß, vielleicht hilfst du sogar jemand anderem, auch gegen den Strom zu schwimmen.

Schädliches, über das wir selten nachdenken

Wahrscheinlich hast du schon seit dem Kindergarten dauernd davon gehört, wie schädlich Alkohol, Zigaretten und alle Arten von Drogen sind. Doch es gibt auch noch ein paar andere Versuchungen, über die die Erwachsenen vielleicht nicht mal reden. Lass uns mal sehen:

Geht das auch leiser?

Wer hört nicht gern seine Lieblingsmusik – und zwar möglichst laut? Aber auch hier ist Vorsicht die Mutter der Porzellankiste! Laute Musik, besonders wenn sie über Kopfhörer kommt, kann mit der Zeit dein Gehör nachhaltig schädigen. Und wenn das passiert, kann man es nicht wieder rückgängig machen! Du solltest dir daher beim Musikhören überlegen, ob es wirklich soooo laut sein muss. Jemand, der neben dir steht, sollte die Musik aus deinen Kopfhörern nicht hören können. Und zwischen Disko- und Konzertbesuchen solltest du deinen Ohren immer eine Weile Zeit lassen, um sich wieder zu erholen!

Nachteulen unter uns

Dein ganz persönlicher Biorhythmus verändert sich in der Pubertät, sodass du vermutlich Lust hast, abends länger aufzubleiben und morgens länger zu schlafen. Dummerweise verträgt sich dies nicht besonders gut mit den meisten Stundenplänen. Es ist also vernünftig, abends zu einer anständigen Zeit ins Bett zu gehen, auch wenn alle deine Freunde bis spät in die Nacht telefonieren oder du doch zu gern dieses tolle Buch noch fertig lesen möchtest. Mach mal den Test zu diesem Thema!

Mach den Test

Bekommst du genug Schlaf? Kreise die Antwort ein, die am ehesten auf dich zutrifft!

Morgens wache ich auf und . . .
a   fühle mich ziemlich fit und bereit, in den Tag zu starten.
b   bin etwas verschlafen, aber nach eine halben Stunde oder so komme ich in die Gänge.
c   würde am liebsten den Wecker zerschlagen – ich werde erst so gegen Mittag richtig wach.

Durchschnittlich bekomme ich pro Nacht . . .

a wenigstens 8 Stunden Schlaf, manchmal auch mehr.

b ungefähr 8 Stunden und manchmal etwas weniger Schlaf.

c definitiv keine 8 Stunden Schlaf!

Meine Schlafenszeit ist . . .

a immer ungefähr dieselbe, egal ob wochentags oder am Wochenende.

b ist in der Woche immer gleich, aber am Wochenende und in den Ferien kann sie ziemlich variieren.

c ist jeden Abend anders, wie es eben gerade passt!

Ich schlafe abends ein . . .

a sobald mein Kopf das Kissen berührt.

b meistens ziemlich bald, wobei es auch vorkommt, dass ich noch eine halbe Stunde wach liege.

c oft erst Stunden nachdem ich ins Bett gegangen bin. Es kommt sogar vor, dass ich die halbe Nacht wachliege!

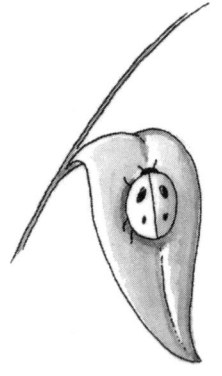

Wenn ich schlafe . . .

a könnte mich nicht mal eine Atombombe wecken!

b wache ich so schnell nicht wieder auf, es sei denn, irgendeine größere Störung tritt ein.

c werde ich öfters wieder wach; manchmal habe ich Alpträume oder ich mache mir wegen irgendetwas Sorgen.

Natürlich ist keine Antwort „falsch". Es könnte höchstens sein, dass du dich mal ein bisschen intensiver mit dem Thema Schlaf befassen solltest, damit du auch in diesem Punkt gut auf deinen „Tempel" Acht gibst. Und übrigens heißt es ja nicht zuletzt auch „Schönheitsschlaf"! Vielleicht ist dir das ja eine kleine Anregung.

Wenn du hauptsächlich a) eingekreist hast, hast du das mit dem ausreichenden Schlaf ziemlich gut im Griff. Behalte diese guten Gewohnheiten bei und achte darauf, dass du bei 8 Stunden Schlaf als Tages-Minimum bleibst! Wirklich gut, was du für deinen Körper tust!

Wenn du hauptsächlich b) eingekreist hast, hast du dir schon einige ganz gute Schafgewohnheiten beigebracht. Wenn du wirklich das Maximum deiner Leistungsfähigkeit erreichen willst, schau dir mal die Fragen an, bei denen du ein c) eingekreist hast. Vielleicht kannst du ja in diesen Bereichen noch etwas optimieren? Ein paar Hinweise findest du im nächsten Absatz!

Wenn du hauptsächlich c) eingekreist hast, betrügst du dich selbst um dein Wohlbefinden. Du leidest an chronischem Schlafmangel oder an Schlafstörungen. Letzteres ist natürlich nicht dein Fehler, aber man kann etwas dagegen tun! Hier ein paar Vorschläge:

- Versuch mal einen Monat lang, immer zur selben Zeit schlafen zu gehen und aufzustehen, ganz egal, welcher Wochentag es ist oder welche Jahreszeit. Wenn dein Körper diesen Rhythmus annimmt und du besser schläfst, kannst du dir ab und zu mal eine kleine Ausschlaf-Orgie gönnen.
- Stell einen Routine-Ablauf auf, den du jeden Abend vor dem Zubettgehen befolgst. Vielleicht nimmst du ein schönes heißes Bad, legst dich mit deinem Tagebuch ins Bett und schreibst noch ein oder zwei Seiten. Oder lies ein paar Kapitel aus einem Buch. Auf jeden Fall sollte dein Abendritual nicht darin bestehen, vor dem Fernseher zu versacken!
- Treib regelmäßig Sport, aber nicht gerade ein oder zwei Stunden vor dem Schlafengehen.
- Nach 20 Uhr solltest du keine Getränke mehr zu dir nehmen, die Koffein oder einen anderen Muntermacher enthalten, also keinen Kaffee, keine Cola, keinen schwarzen Tee (auch grüner putscht ein bisschen auf!), keine Drinks mit Guarana etc.
- Auch mit dem Essen solltest du dich spät abends zurückhalten. Keine fette Pizza mehr um 22 Uhr. Sollte dir vor dem Schlafengehen der Magen knurren, trink ein Glas Milch oder iss einen kleinen Snack.
- Wenn du wegen einer Sache aufgeregt oder besorgt bist, versuch vor dem Schlafengehen noch mit jemandem darüber zu sprechen oder schreib es in dein Tagebuch, damit du „abschalten" kannst.
- Geh nicht total verspannt schlafen. Mach ein bisschen Stretching, nimm ein heißes Bad oder lies noch eine Runde im Schaukelstuhl.
- Wenn du mehrere Nächte hintereinander nicht schlafen kannst oder immer wieder Alpträume hast, sprich mit deinen Eltern oder einer erwachsenen Vertrauensperson darüber. Ein Arzt oder ein Therapeut können dir helfen und es wird vermutlich nicht von allein weggehen! Also versuch nicht, es zu verbergen, sondern rede darüber! Das Leben macht so viel Spaß und ist zu

schade, um ständig übermüdet zu sein und nichts mehr richtig mitzukriegen!

Übrigens: Falls Bettnässen ein bekanntes Thema für dich ist, musst du dich damit nicht allein fühlen. „Enuresis", wie der medizinische Fachbegriff heißt, kommt öfter vor, als du denkst. Und zwar bei Jungen und bei Mädchen. Teilweise kommt das Problem daher, dass deine Blase zu klein ist, um die Flüssigkeit aufzunehmen, die dein Körper über Nacht ausscheidet. Kein Grund zur Verzweiflung! Das wächst sich meistens aus. In der Zwischenzeit kann ein Arzt dir weiterhelfen, damit du auch mal ohne Angst vor Peinlichkeiten bei einer Freundin übernachten kannst.

Alpträume zum Thema Essen

Wahrscheinlich hast du schon von Essstörungen wie *Bulimie* (Ess-Brech-Sucht) oder *Anorexie* (Magersucht) gehört. Sie sind so gefährlich, dass wir uns unbedingt noch ein wenig darüber unterhalten sollten.

Essstörungen generell

Wenn ein Mädchen so besessen von dem Gedanken ist, um jeden Preis dünn sein zu müssen, dass sie aufhört, normal zu essen, spricht man von einer Essstörung. Ganz egal, wie dünn sie schon ist – wenn sie in den Spiegel schaut, meint sie immer noch eine „fette Kuh" zu sehen. Es kann sein, dass sie immer weniger isst, oder dass sie das, was sie zu sich genommen hat, wieder erbricht. Auch abführende Mittel oder übertriebenes körperliches Training bis zum Zusammenbruch sind Zeichen einer Essstörung. Wenn das Mädchen keine Hilfe sucht, wird sie ernsthaft krank und kann ihrem Körper dauerhafte Schäden zufügen. Manche Mädchen sterben sogar an dieser Krankheit.

Anorexie (Magersucht)

Ein Mädchen, das an dieser Krankheit leidet, versucht sich buchstäblich „wegzuhungern". Ununterbrochen denkt sie darüber nach, wie sie es umgehen kann, etwas zu essen. Wenn sie es dann doch mal nicht vermeiden kann, benutzt sie bestimmte Rituale, um ja nicht zu viel zu essen. Zum Beispiel trinkt sie vor dem Essen ein großes Glas Wasser, um den Appetit zu dämpfen, schneidet ihr Essen in winzige Stücke, auf denen sie ewig herumkaut, isst generell extrem langsam, macht ein zwanghaftes Spiel daraus, ihre Lippen nicht mit der Gabel zu berühren oder fummelt mit dem Essen herum. Nach dem Essen hat sie den dringenden Wunsch, schnell viel Sport

zu machen, um die „bösen" Kalorien sofort wieder loszuwerden. Je dünner sie wird, desto mehr körperliche Probleme bekommt sie (zum Beispiel ständiges Frösteln, Hautprobleme, Haarausfall, Konzentrationsstörungen, Ausbleiben der Periode, Organschäden bis hin zum Herzversagen). Weil Magersucht viel tiefere Ursachen hat als nur den Wunsch, dünn zu sein (obwohl dies oft der Auslöser ist), ist eine Zwangsernährung im Krankenhaus nur der allererste Schritt, um dem Mädchen das Leben zu retten. Eine längere Therapie ist die einzige Chance, den eigentlichen Problemen auf den Grund zu gehen und dem Mädchen zu helfen.

Bulimie (Ess-Brech-Sucht)

Auch ein Mädchen mit Bulimie möchte gern dünn sein, wobei sie ganz normal oder sogar extrem viel isst (sogenannte Fressanfälle) und die aufgenommene Nahrung dann hinterher wieder erbricht. Und zwar jeden Tag! Es gibt viele bulimische Mädchen, die nicht auffällig dünn sind, aber sie gefährden ihre Gesundheit genauso wie Magersüchtige. Durch das ständige Erbrechen kommt es zu Magenproblemen und Verätzungen der Speiseröhre und des Mundes durch die Magensäure. Es können sogar die Zähne darunter leiden.

Wann Hilfe nötig ist

Eine Menge Dinge, über die wir in diesem Buch bisher gesprochen haben, sind ganz normale Phasen des Erwachsenwerdens. Andere sind aber ziemlich bedenklich. Dazu gehört:

- extreme Abscheu oder sogar Hass auf den eigenen Körper
- so starke Beschwerden während der Tage, dass man vor Schmerzen nur im Bett liegen kann
- Blutungen, die länger als 8 Tage anhalten oder häufiger als alle 21 Tage auftreten

- starkes Übergewicht
- Abhängigkeit von Nikotin, Alkohol oder Drogen
- anhaltende Schlafstörungen
- Anorexie
- Bulimie

Wenn du mit einem dieser Themen zu kämpfen hast, dann solltest du *unbedingt* mit deinen Eltern oder einer erwachsenen Vertrauensperson darüber reden. Es ist absolut keine Schande, einen Arzt oder Therapeuten um Hilfe zu bitten. Dazu sind diese Leute schließlich da! Eigentlich ist es sogar ein Zeichen für Reife, wenn man erkennt, dass man mit einem Problem nicht allein fertig wird und Hilfe braucht. Gott möchte nicht, dass das Erwachsenwerden eine schlimme Erfahrung für dich ist, und ganz sicher möchte er nicht, dass du leidest und dich allein fühlst! Sag ihm alle deine Sorgen und Probleme und sei sicher: Für so ziemlich jedes Problem gibt es eine Lösung! Immer!

Mach's einfach!

In diesem Kapitel haben wir uns mit ein paar ganz schön taffen Themen beschäftigt! Lass uns jetzt mal zu angenehmeren Dingen kommen und die positiven Seiten unseres Lebens betrachten. Was meinst du? Ein Blick auf die guten Dinge in deinem Leben kann dir helfen, die finsteren Täler zu umgehen.

- Eine Sache, die ich an meiner Familie richtig gut finde:

  _____

- Eine Sache, die ich an meiner besten Freundin richtig gut finde:

  _____

- Meine liebste Tageszeit ist, wenn

  _____

- Am allerliebsten esse ich

  _____

- Ich gehe unheimlich gern zu

  _____

- Ich trage am liebsten meine

_____

- Ich fühle mich geliebt, wenn

_____

- Ich kann es kaum noch erwarten, bis

_____

- Eine Sache, die ich an Gott richtig gut finde:

_____

- Ich weiß, dass Gott mich liebt, weil

_____

Na, fühlt man sich da nicht gleich richtig gut? Du hast wirklich viel Grund zur Freude und Dankbarkeit, nicht wahr? Verschwende am besten keine Zeit mit Dingen, die nicht gut für dich sind!

Seerosenblatt

Wenn meine Freundin ein Problem hätte, das ihr wirklich schadet, würde ich . . .

_____

_____

_____

_____

_____

_____

_____

_____

_____

_____

_____

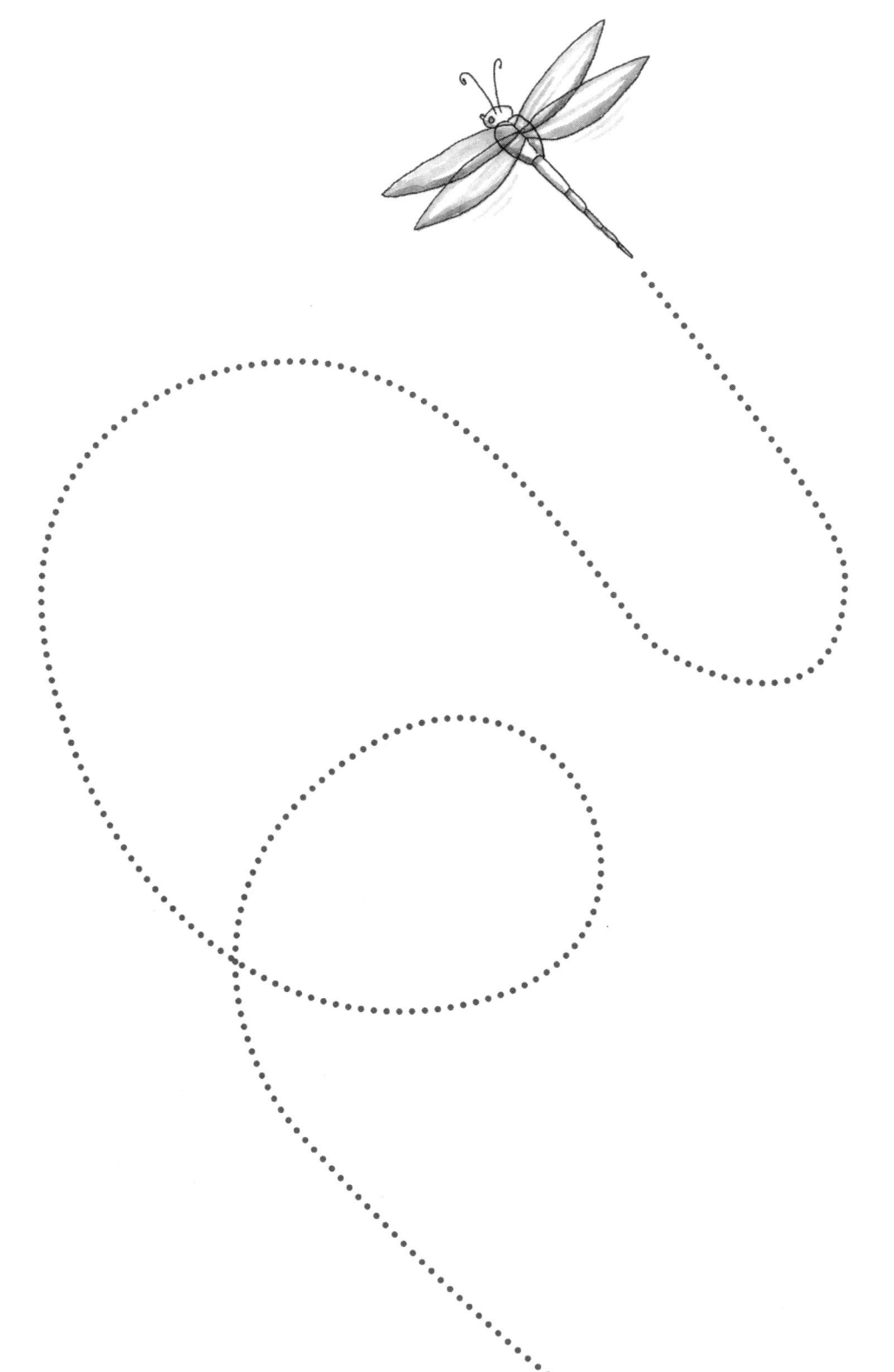

9. Lebenslänglich?

Das heilt und belebt deinen ganzen Körper,
du fühlst dich wohl und gesund.

(Sprichwörter 3,8)

Bisher haben wir über diese ganze Geschichte mit der Gesunderhaltung und Pflege unseres „Tempels" gesprochen, als sei das nur eine Pubertäts-Angelegenheit. Das stimmt natürlich nicht, denn um folgende Dinge musst du dich dein ganzes Leben lang kümmern:

- verstehen, was zu jeder Zeit in deinem Körper vorgeht, zum Beispiel wenn du später mal Sex hast, schwanger wirst, Kinder hast und in die Wechseljahre kommst (was sozusagen die Umkehrung der Pubertät ist)
- auf die Signale deines Körpers achten
- deinen Körper mögen und akzeptieren
- dir während deiner Tage möglichst Gutes tun
- bequeme Unterwäsche tragen
- dich gesund ernähren
- dich körperlich betätigen
- Nikotin, Alkohol und Drogen meiden
- genügend schlafen
- nicht so fixiert auf dein Gewicht sein, dass du dir Schaden zufügst
- dir Hilfe suchen, wenn du mit einem Problem nicht fertig wirst
- dir eine (erwachsene) Freundin suchen, die du um Rat fragen kannst
- dich in allem an Gott wenden und wissen, dass er für dich da ist!

Wenn dir all dies zur zweiten Natur wird, dann hast du prima Chancen auf ein fröhliches, gesundes Leben, viel besser als wenn du dir diese guten Gewohnheiten nicht frühzeitig antrainierst. Wir sprechen hier schließlich über die Ewigkeit und die hat schon begonnen!

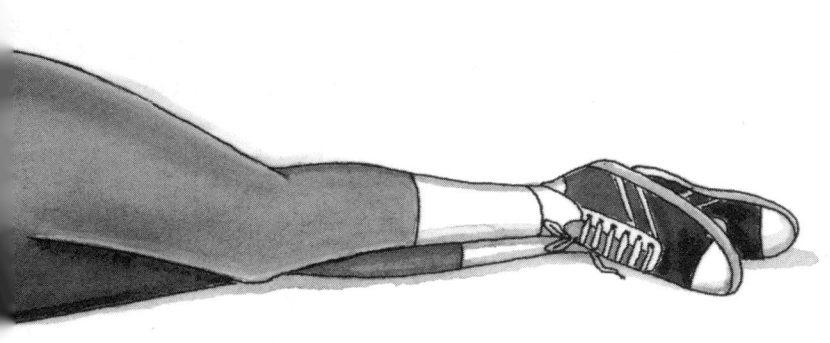

Das Gute daran ist das Gute darin!

Falls du immer noch nicht davon überzeugt bist, dass dein Körper all die Aufmerksamkeit wert ist, kommt hier noch mal eine Auflistung all der guten Teile dieses „Tempels", die richtig zum Tragen kommen, wenn du ihn gut behandelst:

- klare Augen, die die Welt so sehen, wie nur du sie sehen kannst
- scharfe Ohren, die alle wunderbaren Geräusche hören können
- ein aufmerksamer, wacher Geist, der sich gut konzentrieren kann und dir hilft, dein Leben auf Gott auszurichten
- eine Stimme, die sich klar ausdrücken kann
- die Kraft und Energie, alles anzupacken, was so anliegt
- ein Herz, das kräftig schlägt und von Freundlichkeit und Liebe zu Gott angetrieben wird
- und noch vieles mehr

Ganz persönlich

Am Schluss dieses Kapitels möchte ich mit dir noch über deine Privatsphäre sprechen.

Während du dir deines eigenen Körpers immer bewusster wirst, hast du ein gutes Recht auf deine Privatsphäre. Es geht niemanden, auch nicht die Mitglieder deiner eigenen Familie, etwas an, was mit dir so alles passiert – es sei denn, du willst es mitteilen. Folgende Dinge sind völlig verständlich und auch selbstverständlich:

- Wenn du dich umziehst, kannst du ruhig die Tür deines Zimmers oder des Badezimmers abschließen. Auch wenn du einfach mal allein sein willst, ist das dein gutes Recht. Wenn du dein Zimmer mit deiner Schwester teilst, kannst du dir vielleicht anderswo eine ruhige Ecke suchen.

- Wenn du in der Badewanne liegst oder auf der Toilette bist, musst du dir nicht gefallen lassen, dass ständig jemand reinkommt.
- Du bist auf keinen Fall verklemmt oder irgendwie unnormal, wenn du dich ein bisschen unwohl dabei fühlst, dich vor anderen Menschen auszuziehen, selbst vor deiner besten Freundin. Schamgefühl ist gut und gesund und manche Menschen sind offener als andere. Respektier einfach deine eigenen Grenzen.
- Wenn du wegen irgendwelcher Probleme zum Arzt musst (besonders natürlich zum Gynäkologen), ist es völlig okay, wenn du vorher genau wissen willst, was eigentlich bei der Untersuchung gemacht wird usw. Wenn dir das lieber ist, kannst du auch eine Ärztin aufsuchen!
- Wenn dich irgendein anderer Mensch auf eine Art und Weise anfasst, die dir nicht behagt, dann solltest du das sofort einem Erwachsenen erzählen, dem du vertraust! Versuch nicht, jemanden zu schützen oder zu decken, der dir schadet! Dein Körper gehört dir und Gott – niemandem sonst! Du hast das Recht zu bestimmen, was mit dir geschieht und was nicht!

Mach den Test

Also gut, noch ein Quiz, um zu sehen, wo du jetzt stehst und ob ein paar deiner Fragen zum Thema Pubertät beantwortet worden sind! Vielleicht magst du diesen kleinen Check ja immer wieder mal machen (alle paar Monate). Du wirst überrascht sein, wie viel sich in dieser Zeit verändert, wie sehr du dich entwickelt hast und wie schnell du zu einer erwachsenen Frau wirst!

Überprüf mal, wie viele der folgenden Aussagen du so unterschreiben kannst. Kreuz aber nichts an, das du nicht wirklich so siehst! Die nicht angekreuzten Aussagen befassen sich mit Themen, die du vielleicht in der nächsten Zeit im Hinterkopf behalten solltest.

___ Mein Körper sagt mir, wenn er etwas braucht, und ich achte auf ihn.

___ Wenn es um das Thema Hygiene geht, hab ich kein Problem! Ich dusche jeden Tag!

___ Ich mache gern und regelmäßig Sport, das macht mir viel Spaß.

___ Wenn die Leute sagen, dass Drogen, Alkohol und Rauchen schädlich sind, stimme ich zu.

___ Wenn jemand mich auf eine Art berühren würde, die ich nicht mag, würde ich das sofort einem Erwachsenen erzählen.

___ Ich vergleiche mich eigentlich nicht mit anderen Mädchen und deren Entwicklung.

__ Wenn ich etwas an meinem Körper verändern könnte, würde ich das schön bleiben lassen, denn ich bin schließlich ich!

__ Ich ernähre mich meistens ziemlich gesund und ausgewogen, auch unterwegs.

__ Meine Tage finde ich eigentlich ganz okay.

__ Ich bekomme genug Schlaf.

__ Ich habe meine Launen, aber ich lasse mich nicht von ihnen bestimmen.

__ Ich bin ein Mädchen und das macht mir Spaß!

__ Ich weiß, dass Gott einen Plan für mein Leben hat, und ich versuche, möglichst gut vorbereitet zu sein, um ihn auch umzusetzen.

__ In allen diesen Dingen wende ich mich immer an Gott, wenn ich Fragen oder Probleme habe!

Seerosenblatt

Wenn ich eine kleine Schwester hätte, die mich fragt, wie es ist, eine „Beinahe-schon-Frau" zu sein wie ich, würde ich sagen ...

10. Du bist du und das ist gut so!

Herr, du bist unser Vater!
Wir sind der Ton, du bist der Töpfer;
wir alle sind von deiner Hand geschaffen.
(Jesaja 64,7)

Nachdem wir uns gemeinsam angesehen haben, was alles im Inneren deines Körpers passiert, wollen wir uns jetzt mit deinem Äußeren beschäftigen. Eine Sache sollten wir da gleich mal klarstellen: Jedes Mädchen hat seine eigene, ganz besondere Art von Schönheit!

Wahrscheinlich hat deine Mutter auch schon mal zu dir gesagt: „*Ich* finde dich wunderschön, mein Schatz!" Das bedeutet natürlich nicht besonders viel, wenn dich die Kids in der Schule „Pizzaface" nennen oder alle Welt davon schwärmt, wie absolut umwerfend deine Schwester aussieht, während man dir nur mitleidig den Kopf tätschelt und sagt: „Und du bist auch ganz niedlich, Kleine!"

Aber mal im Ernst: Gott produziert keinen Müll und er macht auch keine Fehler. Er hat jeden einzelnen Menschen ganz genau so geschaffen, wie er es vorhatte. Und deshalb ist es nur gut und richtig, wenn wir uns selbst ebenso schön finden und bewundern wie alles andere, was Gott geschaffen hat, von der Erdbeere bis zum Nashorn!

„Hm", denkst du jetzt vielleicht. „Wenn jedes Mädchen auf seine Art schön ist, wie kommt es dann, dass das nicht jeder so sieht?"

Ganz einfach: Das liegt daran, dass wir Menschen nicht wie Gott sind! Von Adam und Eva bis heute hat immer wieder irgendwer behauptet, es gebe nur eine einzige Art, schön zu sein. Dieses „Schönheitsideal" änderte sich allerdings ständig. In der Barockzeit fand man es wunderschön, wenn Frauen mollig waren und üppige Formen besaßen. Gegen Ende des 19. Jahrhunderts galt es als schick, blass und kränklich auszusehen. Und im Moment ist es eben angesagt, groß und schlank zu sein und Lippen von den Ausmaßen einer Dreisitzer-Couch zu haben!

Jetzt fragst du dich sicher, wie du „alle Welt" davon überzeugen sollst, dass du eine Schönheit bist, obwohl Gott dir eine rundliche Figur und bleistiftdünne Lippen verliehen hat?

Gute Neuigkeiten: Das musst du gar nicht! Dein Job ist es einfach nur, dich selbst zu mögen, und dann kommt alles andere ganz von allein. Wenn du dieses Buch zu Ende gelesen hast, hoffe ich, dass du vor deinem Spiegelbild stehen bleibst und sagst: „Cool! Ich sehe ja richtig gut aus!"

Eine Regel gibt es, wenn du jetzt weiter liest: Ich möchte keine abfälligen Bemerkungen über dein Aussehen hören!

Das bedeutet, dass du nicht über deine neuesten Pickel meckerst; nicht jammerst, wie fett du doch bist; nicht wünschst, du hättest lockigeres Haar oder kleinere Ohren oder gleichmäßigere Zähne. Tu so, als wärst du deine beste Freundin und würdest eher einen ganzen Teller voll Spinat essen, als ihr wehzutun. Also: Keine abfälligen Bemerkungen über dich selbst!

Das ist gar nicht so einfach, ich weiß. Deshalb schauen wir uns jetzt als erstes wieder mal ein paar „Hindernisse" an, die dich davon abhalten, deine eigene Schönheit zu erkennen!

Hindernis 1: Prägung durch die Glotze

Einer der Hauptgründe, warum die Menschen allen Ernstes glauben, es gebe nur eine einzige Art, schön zu sein, ist die ständige Berieselung durch Fernsehen und Hochglanzmagazine, in denen immer ein bestimmter Typ Frau gezeigt wird. Sogar die Barbiepuppe scheint zu sagen: „Du musst so aussehen wie ich!". Aber das stimmt zum Glück nicht. Und im Fall von Barbie wäre es anatomisch auch gar nicht möglich, denn wenn wir alle solche kleinen Füße, langen Beine und großen Brüste hätten, würden wir ständig vornüberfallen!

Fragen & Antworten

Lilly: *Diese Mädchen auf dem Cover der Bravo oder der „Young Miss" haben immer so eine perfekte Haut. Wie machen die das nur?*

Gute Nachricht: Die machen gar nichts! Niemand hat vollkommen perfekte Haut. Auch die tollsten Mädchen haben ab und zu mal eine Unreinheit, einen Pickel oder eine kleine Narbe. Aber die Fotos in den Magazinen werden nachträglich retuschiert. Das bedeutet, dass man am Computer all die kleinen Unvollkommenheiten wegmacht und dazu noch die Wimpern länger malt und einen rosigen Hauch auf die Wangen zaubert. Fertig ist die scheinbar perfekte Schönheit! Wenn du die Mädchen auf den Covers in natura sehen könntest, würdest du feststellen, dass auch sie Mitesser und Leberflecken haben, glaub mir!

Zoey: *Wenn ich all die Shampoos und Gesichtscremes verwende, die man in der Werbung sieht, sehe ich dann auch so toll aus wie die Models?*

Natürlich tut es deinem Aussehen gut, wenn du ein Glanzshampoo und eine feuchtigkeitsspendende Creme benutzt, aber du bist nicht das Mädchen in der

Werbung. Nur weil du ein bestimmtes Produkt benutzt, heißt das nicht, dass du so aussehen wirst wie sie! Nehmen wir mal an, eine Firma will ein Shampoo verkaufen, das dein Haar dicker und glänzender aussehen lassen soll, dann wählt sie für die Werbung natürlich ein Model aus, das besonders dichtes und glänzendes Haar hat. Wenn du von Natur aus aber eher dünnes Haar hast, wird kein Shampoo der Welt das ändern können (zumal Shampoos sowieso alle aus dem gleichen Zeug bestehen). Aber wer sagt denn eigentlich, dass nur eine dicke Matte auf dem Kopf schön ist?

Reni: *Ich bin die Kleinste in meiner ganzen Klasse. Wie kommt es, dass Gott auch kleine Menschen erschafft, wenn doch eigentlich nur große, schlanke Leute als schön angesehen werden?*

Wie gesagt: Die Vorstellungen der Menschen von dem, was „schön" ist, haben sich im Laufe der Zeit immer wieder stark verändert. Am Anfang des 17. Jahrhunderts zum Beispiel galt es als schön, dick zu sein, weil man offensichtlich wohlhabend sein musste, wenn man es sich leisten konnte, sich eine Speckschicht anzufuttern. Und noch in den 50er Jahren des 20. Jahrhunderts war die kurvenreiche Marilyn Monroe das absolute Schönheitsideal. Sieh dir mal Fotos von ihr an: Nach heutigen Maßstäben würde sie als „übergewichtig" gelten, aber damals fielen den Männern bei ihrem Anblick schier die Augen aus dem Kopf. Als dann in den 60er Jahren solche Gruppen wie die Beatles oder die Beach Boys in ihren Liedern sangen, dass sie zierliche Mädchen gut fanden, wollte auf einmal jede Frau möglichst klein, schmal und zerbrechlich wirken. So änderte sich das vorherrschende Schönheitsideal immer wieder.

Aber bedeutet das denn, das jemand, der vor 40, 50 oder 400 Jahren schön war, heute nicht mehr schön wäre? Das ergibt doch keinen Sinn, oder? Ich sag dir mal, was Sinn ergibt: Jeder Mensch ist auf seine Weise schön, ob nun klein und rund, drall und kurvig, zierlich und zerbrechlich oder groß und schlank. Ganz zu schweigen natürlich von allem, was dazwischen liegt!

Und noch ein wichtiger Aspekt: Jedem Menschen gefällt etwas anderes. Die einen schwärmen für blonde Engelslocken, die anderen für schwarze Rabenmähnen. Die einen mögen eine schlanke Figur, die anderen bevorzugen ausgeprägte Kurven. Übrigens finden die meisten Männer eine magere Model-Figur gar nicht so toll, sondern wissen es durchaus zu schätzen, wenn eine Frau weiblichere Formen aufweist! Also, auch wenn dein heimlicher Schwarm das nicht so sieht: Für einen anderen Jungen bist du mit Sicherheit das schönste Mädchen der Welt! Letztendlich kommt es sowieso darauf an, dass die Menschen dich attraktiv finden, die dir auch wirklich wichtig sind.

Hindernis 2: Das Vergleichs-Spielchen

Na komm, das haben wir doch alle schon gespielt: „Ich habe noch keine Brüste, also bin ich noch nicht so erwachsen wie Stephanie. Aber wenigstens muss ich nicht so eine doofe Spange tragen wie Daniela. So schlimm kann es also mit mir nicht sein!"

Eigentlich scheint das ja ganz harmlos zu sein. Schließlich spielst du dieses Spielchen nur in Gedanken, bis du im Vergleich mit jemand anderem besser dastehst und dich damit auch besser fühlst. Aber . . . hmmm, schauen wir doch mal, was Gott dazu zu sagen hat!

Was hat sich Gott dabei gedacht?

Die Frage „Was würde Jesus tun?" sieht man ja heute überall auf Armbändchen, Aufklebern usw. Aber was *würde* Jesus denn nun tun, wenn er vor der Versuchung stünde, sich mit anderen zu vergleichen, um dabei besser abzuschneiden? Würde er sagen: „Ich bin zwar nicht so muskulös wie Petrus, aber dafür stellt er ständig blöde Fragen. Ich bin eindeutig schlauer als er. Das ist doch auch viel wichtiger, nicht wahr, Vater?"

Ziemlich unwahrscheinlich! Und wenn Jesus das nicht tun würde, sollten wir es auch nicht. Gott vergleicht uns jedenfalls ganz sicher nicht miteinander. Oder kannst du dir vorstellen, wie er sagt: „Also, die Mira habe ich ja toll hingekriegt. Zu schade, dass mir Zoey nicht gelungen ist." Nicht wirklich, oder?

Gott vergleicht uns nicht miteinander und Jesus auch nicht. Die Welt, in der wir leben, stellt Vergleiche an! Aber nach wem sollen wir uns nun richten?

Jesus hat das ziemlich deutlich gemacht, indem er sagte: „Liebe deinen Nächsten wie dich selbst". Erinnerst du dich noch an das, was wir bereits über diese Bibelstelle gesagt haben? Es bedeutet, dass du zunächst mal dich selbst annehmen und lieben sollst, wie du bist. Dann musst du dich auch nicht mehr ständig mit anderen vergleichen oder deine Mitmenschen abschätzig betrachten, damit du dich gut fühlst. Du kannst ihnen mit derselben Liebe begegnen, mit der du dir selbst begegnest, weil sie wie du einmalige, einzigartige, unvergleichliche Geschöpfe Gottes sind!

Mach den Test

Jede Aussage unten hat vier mögliche Endungen. Kreise den Buchstaben ein, der am ehesten deine Einstellung wiedergibt. Sei ehrlich, sonst bringt es nichts! Es hat keinen Sinn, die Endung rauszupicken, von der du denkst, dass sie vielleicht „richtig" ist. Dann würdest du überhaupt nichts über dich erfahren!

Beim Thema „Größe" in meiner Klasse . . .
a   fällt mir sofort ein, wer größer ist als ich und wer kleiner.
b   muss ich erst mal nachdenken, wo ich so stehe.
c   könnte ich mich überhaupt nicht einordnen.
d   halte ich mich raus; das interessiert mich überhaupt nicht!

Wenn wir von Hautproblemen reden . . .
a   also, da habe ich die schlimmsten (oder wenigsten) zu bieten.
b   sehe ich im Vergleich zu den anderen in meiner Klasse ganz okay aus.
c   fällt mir nicht viel ein. Ich denke selten darüber nach.
d   Oh weh, darüber will ich gar nicht reden!

Was mir zum Thema Haare einfällt:
a   Ich habe mehr oder weniger genauso viele Probleme mit meinen Haaren wie die anderen in meiner Klasse.
b   Na ja, also . . . lass mich mal nachdenken . . .
c   Haben die anderen in meiner Klasse überhaupt Haare?
d   Wer interessiert sich schon für die Haare anderer Leute?

Wenn jemand eine Waage in unser Klassenzimmer stellen würde . . .
a   würde ich ganz sicher etliche Kilos mehr (oder weniger) als die anderen wiegen.
b   könnte ich mir ungefähr denken, wo ich im Verhältnis zum Durchschnitt liege. Aber ich würde gern wissen, wie viel die anderen so wiegen!
c   würde ich mich fragen, was das soll. Hat hier jemand Gewichtsprobleme oder was?
d   wäre mir das total Wurst!

Jetzt kommen wir zum Thema Brüste!

a Ich bin ganz sicher, dass ich die größten (oder kleinsten) der ganzen Klasse habe.

b Wenn ich so darüber nachdenke, gehören meine wohl zu den größeren (oder kleineren) der Klasse.

c Da müsste ich erst mal mein Maßband raussuchen!

d Warum sollte mich das interessieren?

Unbeholfen? Ungeschickt? ICH?!

a Ich bin die ungeschickteste (oder geschickteste) Person in unserer Klasse!

b Darüber denke ich nicht oft nach, aber na ja, manchmal bin ich schon ziemlich ungeschickt.

c Was heißt denn „unbeholfen" überhaupt?

d Wer hat denn dieses Thema angeschnitten?

Wenn ich mein Aussehen mit dem der anderen Mädchen in meiner Klasse vergleiche . . .

a würde ich mich sofort ganz ans Ende (oder an die Spitze) der Skala setzen!

b Puh! Na, wenn ich mir Mühe geben würde, könnte ich mich schon in etwa einordnen.

c Das hängt ja wohl ganz vom persönlichen Geschmack ab.

d Ehrlich gesagt habe ich etwas Besseres zu tun!

So, jetzt zähl deine Buchstaben zusammen und lies, was du gerade über dich selbst herausgefunden hast!

Wenn du hauptsächlich a) eingekreist hast, dann hast du dich schon beinahe für die Olympischen Vergleichs-Spiele qualifiziert! Kann es sein, dass du dich selbst unglücklich machst, indem du dich ständig an anderen Leuten misst? Wenn du dich beim nächsten Mal dabei ertappst, versuch mal, der Person, mit der du dich gerade vergleichst, ein Kompliment zu machen. Dann danke Gott für all das, was du bist und hast, und mach mit deinem Leben weiter. Das befreit!

Wenn du hauptsächlich b) eingekreist hast, bist du noch ein Amateur im Vergleichen, aber wenn dich jemand zu einem Vergleichs-Spielchen auffordert, spielst du mit. Hast du schon mal Gespräche wie das Folgende geführt?

Deine Freundin: *„Hey, findest du, dass Susi hübscher ist als ich?"*

Du: *„Auf keinen Fall! Sie hat viel zu große Zähne und außerdem diese Schweinchen-Nase!"*

Wenn du merkst, dass du in ein Vergleichs-Spielchen hineingezogen wirst, halte doch schon mal eine gute Antwort parat, so wie diese:

Deine Freundin: *„Hey, findest du, dass Susi hübscher ist als ich?"*
    Du: *„Das Spiel spiele ich nicht mit! Wie wär's stattdessen mit einer Runde Monopoly?"*

Na ja, gut, es könnte natürlich sein, dass deine Freundin den Witz doof findet oder dass sie denkt, du wolltest nur die Tatsache überspielen, dass du Susi wirklich hübscher findest als sie. Von dem Gedanken kannst du sie am ehesten abbringen, indem du ihr ein ehrliches Kompliment machst, das sie aber auf keinen Fall mit Susi oder irgend jemand anderem vergleicht! Zum Beispiel:

Deine Freundin: *„Also, was nun? Ist sie hübscher als ich?"*
    Du: *„Ich finde, du hast absolut tolle Haare! Und dann diese Grübchen! Einfach umwerfend!"*

Was meinst du, wie schnell sie Susi vergessen hat!
    Wenn du hauptsächlich c) eingekreist hast, findest du diesen ganzen Vergleichsquatsch wahrscheinlich einfach nur affig. Es würde dir gar nicht einfallen, dein Aussehen mit dem anderer Leute messen zu wollen. Sei froh – aber pass auch ein bisschen auf! Auch dir kann es passieren, dass dich andere Leute in ein Vergleichs-Spielchen hineinziehen wollen.

Deine Freundin: *„Hey . . . (du weißt schon . . .)?"*
    Du: *„Hä?"*
    Deine Freundin: *„Susi! Findest du, sie hat schönere Haare als ich?"*
    Du: *„Haare? Keine Ahnung. Hab ich mir noch nie Gedanken drüber gemacht."*
    Deine Freundin: *„Na, dann mach dir jetzt welche!"*

Und was dann?

Du: *„Nee. Sorry, aber das ist nicht mein Ding."*

Wenn du nur d) eingekreist hast: Herzlichen Glückwunsch! Du vergleichst dich selbst nicht mit anderen und du kannst es auch nicht leiden, wenn andere Leute das tun. Bleib so! Das ist eine Einstellung, die Gott an dir richtig gut gefällt!

Hindernis 3: Der Piesacker

Ob es nun dein kleiner oder großer Bruder, dein
Onkel Karl-Heinz oder die Mädels aus der anderen Clique
in der Schule sind – wenn es jemanden gibt, der dich die ganze Zeit
mit irgendetwas an deinem Aussehen aufzieht, kann das auf die Dauer
ziemlich an deinem Selbstwertgefühl nagen. Selbst wenn du weißt, dass
derjenige „doch nur Spaß macht", tun solche dummen Bemerkungen oft
ganz schön weh:

„Hey Judith! Was meinst du, hat der liebe Gott dich beim Verteilen der
Brüste vergessen?"

„Meine Güte, Sarah, mit so großen Füßen brauchst du ja wohl keine
Schwimmflossen, was?"

„Na, wie geht's, Dickerchen?"

Dagegen kann man sich nicht richtig wehren und auch patzige Antworten helfen
dir nicht dabei, ein positives Selbstbild zu entwickeln. Gott hat wie immer einen
viel besseren Weg, mit solchen Lästereien umzugehen!

Was hat sich Gott dabei gedacht?

Das steht ganz genau in der Bibel. In den Sprichwörtern wird ein Mensch, der
dich mit blöden Bemerkungen ärgert, ein „Dummkopf" genannt. Er oder sie sollte sich schämen, nicht du!

Der Mund eines Unverständigen sprudelt über vor Torheit.
(Sprichwörter 15,2)

*Für einen Dummkopf ist es unwichtig, ob er von einer Sache etwas versteht; er
will nur überall seine Meinung sagen.*
(Sprichwörter 18,2)

*Verschwende einen guten Rat nicht an unverständige Menschen, die ihn doch
nicht zu schätzen wissen.*
(Sprichwörter 23,9)

Allerdings sagt die Bibel auch, dass es dich nicht weiterbringt, wenn du eine patzige Antwort gibst:

Gib dem Dummen keine Antwort, die seiner Dummheit entspricht, damit man dich nicht mit ihm verwechselt!
(Sprichwörter 26,4)

Cooler Gedanke, oder?! Aber es geht noch weiter!

Der Anfang eines Streits ist wie eine Sickerstelle in einem Damm; man muss ihn schlichten, ehe es zur Katastrophe kommt.
(Sprichwörter 17,14)

Eine versöhnliche Antwort kühlt den Zorn ab, ein verletzendes Wort heizt ihn an.
(Sprichwörter 15,1)

Gehört der Piesacker, der dir das Leben schwer macht, nicht zu deinen Freunden oder deiner Familie, dann ignoriere ihn oder sie doch einfach, auch wenn dir das nicht leicht fällt. Gib dich nicht mit einem Dummkopf ab! Bitte Gott darum, dass er dir hilft, geduldig zu sein. Ist der Piesacker aber ein enger Freund oder sogar ein Familienmitglied, dann sag dieser Person ganz offen, dass ihre dummen Sprüche dich verletzen. Ehrlichkeit ist wichtig, auch wenn du etwas Unangenehmes zu sagen hast!

Dein einzigartiges Ich entdecken

Jetzt, wo wir angesprochen haben, was du alles *nicht* machen sollst (nämlich dich von den Medien beeinflussen lassen, das Vergleichsspielchen spielen und dich von Lästereien runterziehen lassen), lass uns mal darüber reden, was du alles tun kannst, um ein gutes Bild von dir selbst zu bekommen! Wie kannst du dich als die wunderschöne junge Frau sehen, als die Gott dich geschaffen hat, wenn alle um dich herum dir das Gegenteil erzählen?

Ganz klar: Du musst deine ganz eigene, individuelle Schönheit entdecken! Finde heraus, was an deinem Aussehen absolut einmalig ist, was dich einzigartig macht, was dich zu *dir* macht.

Komm, wir gehen gemeinsam auf die Suche nach dir!

Mach den Test

Mach diesen Test vor dem größten Spiegel, den du finden kannst. Während du dich ansiehst, erinnere dich daran, dass dieses Mädchen dort im Spiegel deine

Freundin ist! Dann ergänzt du die Sätze im Test. Zwei Regeln gibt es bei dieser Aufgabe:

1. Deine Antworten müssen ehrlich sein.
2. Deine Antworten müssen ein Kompliment darstellen.

Beispiel: „Ihr Haar ist dünn, strähnig und hängt herunter wie Schnittlauch!" (Ganz falsch!)
    „Ihr Haar ist lang, fein und weich!" (Jawohl!)

Stehst du vor dem Spiegel? Okay, dann kann es ja losgehen! Denk daran, du sprichst hier von dir selbst. Beschreib auch die Details dieses „Supergirls", das du da siehst!

Ihr (also dein) Haar ist ....

Ihre Kopfform ist ....

Ihre Ohren sind ....

Ihre Augenbrauen sind ....

Ihre Augen sind ....

Ihre Nase ist ....

Ihre Haut ist ....

Ihre Wangenknochen sind ....

Ihr Mund ist ....

Ihr Lächeln ist ....

Ihr Kinn ist ....

Ihre Körperform ist ....

Ihre Arme sind ....

Ihre Beine sind ....

Ihre Taille ist ....

Ihre Brüste sind ....

So, jetzt lies dir noch mal laut vor, was du aufgeschrieben hast! Lies deine Beschreibungen eine nach der anderen, so, als ob sie auf die Hauptperson in einem Buch zutreffen würden. Oder, noch besser, auf deine beste Freundin!

Und jetzt versuch noch eine Aussage zu finden, die deinen Gesamteindruck von dir selbst beschreibt. Wie zum Beispiel:

„Das hört sich toll an! Es klingt, als ob dieses Mädchen eine kleine Elfe mit gro-ßen Ohren wäre!" Oder: „Dieses Mädchen scheint ein wohlgeformter, gesunder, strahlender Engel zu sein!"

Und jetzt du: „Dieses Mädchen ....
....!"

Mach's einfach!

Jetzt ist es deine Aufgabe, auch wirklich an das zu glauben, was du über dich herausgefunden hast. Und zwar jeden Tag, die ganze Zeit! Du bist auf eine ganz einzigartige Weise schön, so wie du dich beschrieben hast. Das hast du ja nicht erfunden, sondern gerade eben genau so vor dir gesehen. Probier mal folgende Möglichkeiten aus, um dich selbst davon zu überzeugen, dass diese Beschreibung stimmt:

- Heb deine Beschreibung von dir gut auf (an einem Ort, wo sie dein kleiner Bruder nicht findet!) und lies sie immer mal wieder durch.
- Bist du künstlerisch begabt? Dann mal ein Bild von „diesem Mädchen", das genau deiner Beschreibung gleicht. Häng diese Zeichnung dann so auf, dass du sie immer wieder siehst.
- Jedes Mal, wenn du dich dabei ertappst, wie du über einen deiner Körperteile meckerst („Meine Oberschenkel sind so was von fett!"), verbann diesen Gedanken aus deinem Kopf und ersetze ihn durch einen anderen, vielleicht aus deiner Beschreibung.
- Wenn du mit Gott sprichst, danke ihm nacheinander für all die guten Dinge an dir, die du aufgeschrieben hast: „Danke, Vater, für meine schokobraunen Augen und diese wirklich schönen weißen Zähne, die du mir gegeben hast! Danke auch für meine langen, schlanken Arme, die vermutlich nie schlabberig werden. Danke für meine glatte Haut und die langen, geschickten Finger, die du geschaffen hast . . .". Und so weiter. Du weißt schon! Gott freut sich, wenn du das zu schätzen weißt, was er dir alles mit auf den Weg gegeben hat!

„Gott-Vertrauen"

Jetzt, wo du langsam anfängst, an deine eigene Schönheit zu glauben, wollen wir uns noch einen anderen wichtigen Aspekt dieser Sache ansehen.

Ist dir schon mal ein Mädchen begegnet, das aussah, als sei es gerade vom Cover der „Young Miss" gestiegen? Eins, das sich bestimmt noch nie gefragt hat, ob Susis Haare wohl besser aussehen als ihre, und das noch nie wegen irgendeinem Teil ihres Körpers gehänselt worden ist? Eins, das dabei so fies und intrigant war, dass man es schon gar nicht mehr ansehen mochte?

Oder ist dir schon mal ein Mädchen begegnet, das ein wirkliches optisches Problem hatte, wie zum Beispiel vorstehende Zähne oder Schielaugen? Doch je besser du sie kennen gelernt hast, desto schöner sah sie für dich aus, weil sie eine so nette, liebevolle Persönlichkeit hatte, dass man ihren „Schönheitsfehler" irgendwann gar nicht mehr bemerkte?

Der Grund? Es stimmt schon, dass das Äußere eines Menschen viel von seinem Inneren widerspiegelt. Du siehst gut aus, wenn du dich innerlich gut fühlst! Du wirkst anziehend, wenn du mit dir selbst gut auskommst und weißt, wer du bist und was du kannst. Das nennt man Selbstvertrauen, aber ich finde, dass es mehr ein „Gott-Vertrauen" ist.

Mach den Test

Sieh selbst! Dazu musst du noch mal vor den Spiegel treten. Lächle das Mädchen darin an, als würdest du sie mögen und ihre beste Freundin sein wollen. Jetzt achte mal darauf, was passiert, wenn du sie anstarrst, als würdest du sie abgrundtief hassen. Welches Mädchen sieht besser aus?

Was hat sich Gott dabei gedacht?

Du kannst dieses „Gott-Vertrauen" haben, das dich schön aussehen lässt, weil . . .

- Gott jeden auch noch so kleinen Teil deines Körpers sorgfältig erschaffen und zu einem einmaligen „Du" zusammengesetzt hat!
- Gottes Idee von dir perfekt ist, auch wenn das momentane Schönheitsideal anders aussieht.
- Jesus viel mehr Wert auf die innere als auf die äußere Schönheit gelegt hat – und die hast du, wenn du ihn hast!

Während du über all das nachdenkst, schau mal wieder in den Spiegel. Na, gefällt dir, was du siehst?

Mit Gott darüber reden

Wenn du so denkst und fühlst wie die meisten anderen Mädchen, dann sind bestimmt viele Ideen in diesem Kapitel ziemlich neu für dich. Gar nicht so einfach, so völlig anders über dich selbst zu denken, was? Wie sollst du das alles bloß behalten?

Du kannst ganz gelassen sein! Du bist ja mit alledem nicht allein. Gott ist für dich da und will dir helfen. Alles, was du tun musst, ist ihn darum zu bitten!

Schreib doch mal ein Gebet auf, in dem du alles festhältst, was du dir in Bezug auf deine einzigartige Schönheit unbedingt merken willst. Wenn es dir hilft, kannst du unten in der Vorlage die leeren Zeilen ausfüllen!

Lieber .... (dein Lieblingsname für Gott)!

Ich fange gerade an zu verstehen, dass ich einmalig und schön bin und dass du mich so geschaffen hast. Manchmal fällt es mir ganz schön schwer, das zu glauben, weil ....

Besonders schwer fällt es mir, an mein/e/n ....

... zu denken, weil ich das/die/den alles andere als schön finde! Würdest du mir bitte dabei helfen, nicht dem Glauben zu schenken, was sie mir im Fernsehen und in den Magazinen als schön verkaufen wollen? Ganz besonders denke ich da an ....
..

Ich möchte auch aufhören mit dem Vergleichsdenken, besonders in Bezug auf mein/e/n ....

und folgende Personen: ....
..

Und bitte, Herr, hilf mir auch, wenn ....
mich wieder mal ärgert wegen meines/r ....
..

Am wichtigsten ist es mir aber, daran zu denken, dass du mich liebst und dass du mich vollkommen erschaffen hast. Ich möchte dieses „Gott-Vertrauen" haben, das mich stark macht und mir sagt, dass ich einmalig und einzigartig bin!

Ich hab dich lieb, Vater!

Deine ....

Seerosenblatt

Am allerschönsten habe ich mich gefühlt, als . . .

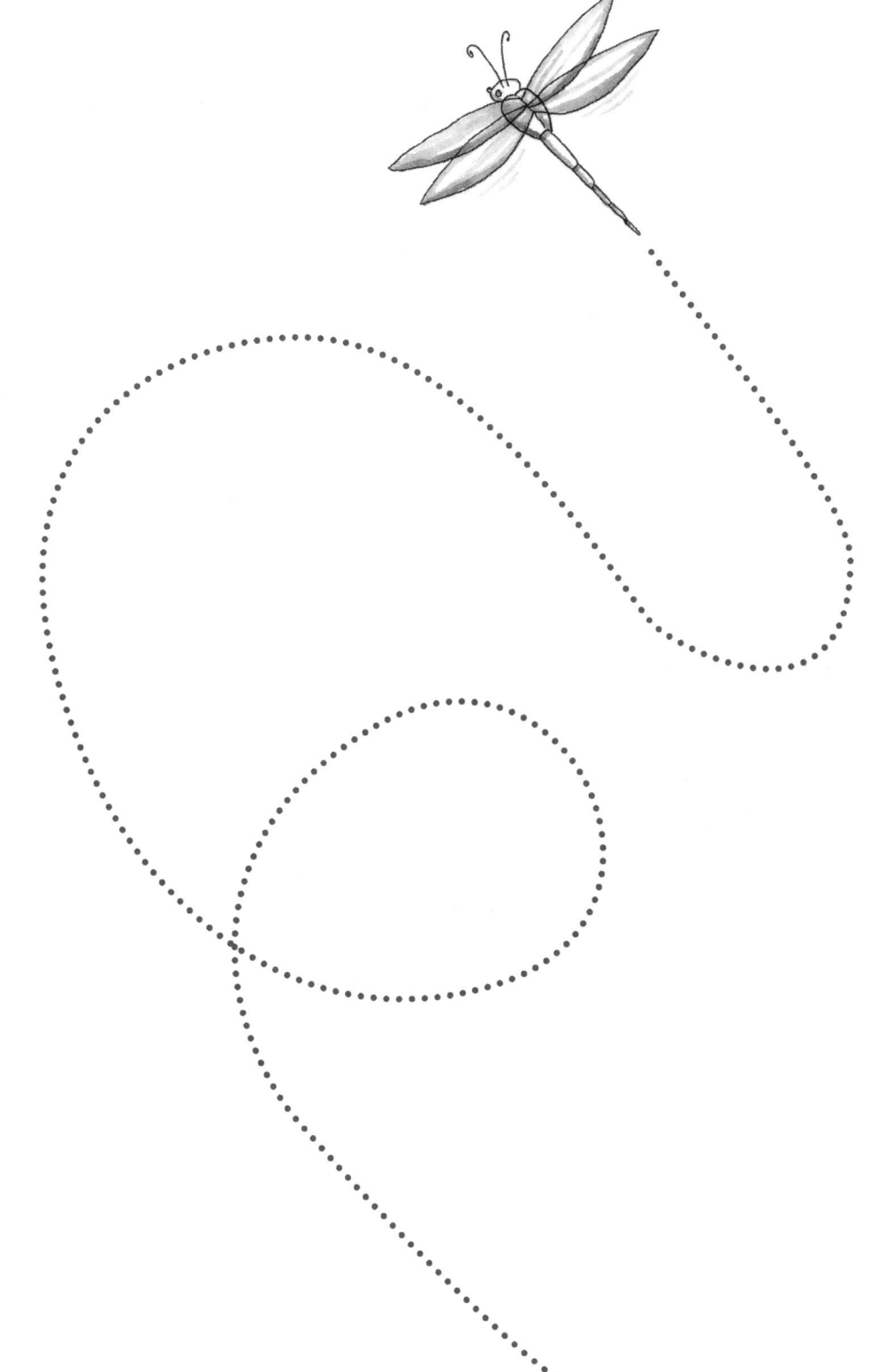

11. Kopf hoch!

Bei euch aber ist sogar jedes Haar auf dem Kopf gezählt!
(Matthäus 10,30)

Was haben Haare mit Gott zu tun?

Gott möchte, dass wir aus dem, was er uns mitgegeben hat, das Bestmögliche machen. Du bist dann am schönsten, wenn du auf deinen Körper – deinen „Tempel" – gut aufpasst. Und wo könnte man damit besser anfangen als bei deinem Haar, der „krönenden Zierde deines Hauptes"! Wenn diese Zierde allerdings gar nicht krönend aussieht, fühlst du dich auch nicht so schön, wie du eigentlich bist.

Gesundheit für die Haare

Bevor wir auch nur an Lockenstäbe, Dauerwellen und Französische Zöpfe denken, sollten wir uns zuerst mal mit der Gesundheit unserer Haare beschäftigen. Wenn es deinen Haaren nicht gut geht, sehen sie auch nicht gut aus, ganz egal, was du mit ihnen anstellst!

Sehen wir uns also zunächst mal deine Gewohnheiten im Umgang mit deinen Haaren an. Bitte beantworte die folgenden Fragen möglichst ehrlich:

Wie oft wäschst du dir die Haare?
Wenn du in die Pubertät kommst, produzieren deine Talgdrüsen mehr Talg. Daher werden auch deine Haare schneller fettig. Am besten wäschst du dir die Haare, sobald sie anfangen, strähnig auszusehen oder sich fettig anzufühlen. Die meisten Mädchen müssen etwa alle zwei bis drei Tage zum Shampoo greifen. Wenn du sportlich sehr aktiv bist, ist jeden Tag Haare waschen angesagt.

Was benutzt du für ein Shampoo? Ist es das Richtige für deinen Haartyp (trocken, normal, schnell fettend)? Ist dein Shampoo pH-neutral?
Das sollte es sein!

Wie viel Shampoo nimmst du pro Haarwäsche?
Eine „Portion" von der Größe einer Walnuss ist genug.

Entfernst du vor dem Waschen alle Knoten aus deinen Haaren?
Das ist ganz wichtig, denn wenn du die nassen, noch warmen Haare nach dem Waschen durchbürstest, machst du sie kaputt.

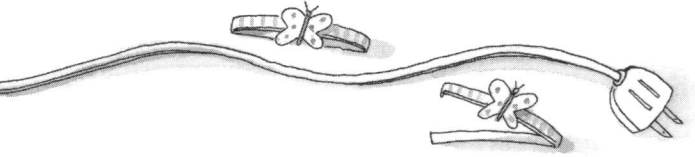

Wie wäschst du dir die Haare?

Nachdem du das Shampoo auf deinem Kopf verteilt hast, massierst du es sanft ein. Aber kratz nicht mit den Fingernägeln auf der Kopfhaut herum, denn das kann die Haut verletzen und zu Krusten und Schuppen führen! Reib lieber nur sanft mit den Finger-spitzen. Wenn dein Haar sehr fettig ist, spülst du es nach der ersten Wäsche aus und wäschst es dann ein zweites Mal. Aber massier deine Kopfhaut nicht zu stark, denn sonst werden deine Drüsen dazu angeregt, noch mehr Talg zu produzieren!

Spülst du wirklich gründlich alles Shampoo aus?

Wenn noch Seifenrückstände im Haar sind, wird es strähnig, schlaff und glanzlos. Spül es deshalb so lange aus, bis es „quietscht", wenn du mit dem Finger an einer Strähne entlangfährst. Manche Leute behaupten, dass man sein Haar mit kaltem Wasser ausspülen soll, weil es davon mehr Volumen bekommt. Probier's aus!

Benutzt du eine Spülung?

Eine Spülung kann helfen, wenn deine Haare sich rau anfühlen, ständig verknoten, sehr trocken sind oder durch eine Dauerwelle oder ständiges Umfärben beschädigt wurden. Wenn du allerdings zu viel des Guten tust und ständig Spülungen benutzt, können deine Haare schwer und schlaff werden und alle Spannkraft verlieren. Sie lassen sich dann nicht mehr gut frisieren. Wenn das bei dir so ist, solltest du die Spülung eine Weile weglassen und vielleicht nur eine Haarkur in die Spitzen geben, um Spliss (gespaltene Haarspitzen) zu vermeiden.

Wie oft gehst du zum Friseur?

Wenn du jetzt sagst: „Nie! Schließlich sollen meine Haare gaaaanz lang wachsen!", oder „Hm, immer dann, wenn meine Frisur irgendwie doof aussieht", lass dir gesagt sein: Es ist für deine Haare am besten, wenn sie etwa alle sechs Wochen zumindest an den Spitzen geschnitten werden, damit kein Spliss entsteht. Wenn du deine Haare lang wachsen lassen willst, ist regelmäßiges Spitzenschneiden besonders wichtig, sonst bekommst du nur fusselige Strähnen!

Dein ganz persönlicher Stil

Weißt du noch, was wir über deine einzigartige Schönheit gesagt haben? Jeder Mensch ist auf seine ganz besondere Weise einmalig. Das gilt auch für deine Haare! Eine Frisur, die an jemand anderem toll aussieht, passt nicht unbedingt genauso gut zu dir. Aber auch für dich gibt es den perfekten Schnitt!

Mach den Test

Kreise den Buchstaben ein, der dich am besten beschreibt.

Wenn ich mit den Fingern durch mein Haar fahre, fühlt es sich . . .
a dünn und fein an.
b so mitteldick an.
c dicht und fest an.
d Ich kann nicht mit den Fingern durchfahren!

Zwing dein Haar zu nichts, zu dem es nicht in der Lage ist. Eine lockige Mähne lässt sich beim besten Willen nicht glatt fönen und ganz feines Haar sieht in einem Bauernzopf nicht besonders gut aus!

Ich bin eher . . .
a fröhlich und übersprudelnd.
b ruhig für mein Alter.
c verträumt und still.
d sportlich.
e künstlerisch begabt.
f wissbegierig.

Es ist ganz wichtig, dass deine Frisur zu dir und deinem Lebensstil passt! Wenn du ein sportlicher Typ bist, bist du mit einer aufwändigen Frisur sicher nicht so gut bedient wie mit einem pflegeleichten Haarschnitt. Das bedeutet natürlich nicht, dass du nicht auch mal was anderes ausprobieren und deinen Typ verändern kannst. Aber du solltest dich mit der Frisur, die du hast, jeden Tag wohl fühlen können!

Ich würde meinen Körper so beschreiben . . .
a klein und zierlich (Vorsicht vor allzu aufgeplusterten Frisuren, die dich erdrücken!).

b quadratisch, praktisch, gut (deine Frisur sollte nicht auch noch kurz und rund sein, sonst verschwindest du in lauter Rundungen!).

c mittelgroß und mittelkräftig (dann passt auch eine gemäßigte Frisur zu dir!).

d groß und schlank (dein Haar sollte nicht zu lang und strähnig sein).

e groß und kräftig (vermeide ganz kurze Schnitte und aufwändige Stylings).

f sportlich und muskulös (trag dein Haar nicht zu streng, probier lieber was Weiches aus!).

Jetzt bürste mal deine Haare zurück und sieh dir deine Gesichtsform genau an. Wenn deine Eltern es erlauben, kannst du die Kontur deines Gesichts mit einem Stück Seife auf den Spiegel zeichnen.

Ist deine Gesichtsform . . .

a *rund?* Dann stehen dir längere und glatte Haare als Gegenpol zu deinen weichen Gesichtsformen. Auch eine Frisur, die oben und an den Seiten etwas Volumen hat, dürfte gut aussehen. Natürlich sind Locken erlaubt, aber dann kann es passieren, dass du an ein Barock-Engelchen erinnerst.

b *eckig?* Absolut klassisch! Mach das Beste aus dieser aristokratischen Gesichtsform, indem du deine Haare entweder kurz über oder unter der Kinnlinie abschneiden lässt, nicht genau auf Kinnlänge. Deine Frisur sollte sich außerdem an den Seiten nicht zu stark bauschen.

c *lang und schmal?* Sehr dramatisch und exotisch! Allerdings solltest du deine Kopfform durch aufgetürmte Frisuren nicht noch verlängern. An den Seiten darf dein Schnitt aber ruhig Volumen haben!

d *eher birnenförmig?* Ein faszinierendes Charaktergesicht! Experimentiere mit verschiedenen Lockenfrisuren herum. Zur Kinnlinie hin sollte die Frisur aber nicht bauschig sein.

e *herzförmig?* Wie romantisch! Locken und viel Volumen in der Kinngegend sehen toll aus. Aber auch du solltest besser keine aufgetürmten Frisuren tragen, denn sonst gerät dein Gesicht aus dem Gleichgewicht!

f *oval?* Na, dir steht ja wohl alles! Du kannst nicht viel verkehrt machen. Probier einfach immer mal wieder was Neues aus. Viel Spaß!

Styling-Tipps

● Nasses Haar nicht fest bürsten, weil es dabei bricht. Höchstens mit einem grobzinkigen Kamm vorsichtig entwirren, immer von unten nach oben.

● Immer eine Bürste mit abgerundeten Borsten benutzen. Am besten sind Naturhaarborsten.

- Bürste und Kamm alle paar Wochen mit Shampoo waschen.
- Kämme und Bürsten nicht verleihen. Das ist fast so, als würdest du jemanden deine Zahnbürste benutzen lassen!
- Häufiges Fönen, Lockenstäbe und Ähnliches können dein Haar so stark austrocknen, dass es ganz strohig wird. Benutze den Fön am besten nur zum Antrocknen auf der niedrigsten Stufe und verwende Lockenstäbe usw. möglichst selten.
- Stylingschaum hilft, feinem Haar Stand und Volumen zu verleihen. Aber nimm nur wenig! Wenn du zu viel erwischst, wird dein Haar steif wie ein Brett.
- Gel ist besonders geeignet, um mal eine besondere Frisur zu stylen. Allerdings sieht dein Haar damit leicht steif und klebrig aus.
- Auch Haarspray ist mit Vorsicht zu genießen. Es fixiert störrische Strähnchen, aber zu viel kann dein Haar stumpf und spröde machen.

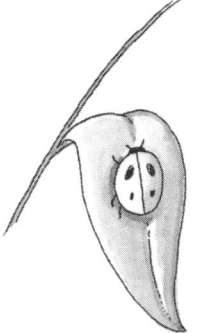

Fragen & Antworten

Susi: *Ich gehe im Sommer fast jeden Tag ins Schwimmbad. Ist das schädlich für die Haare? Stimmt es, dass blonde Haare vom Chlor grün werden?*

Chlor kann blonden Haaren tatsächlich einen Grünstich verleihen. Außerdem trocknet es die Haare stark aus und greift sie an. Hier ein paar Tipps:
- Mach deine Haare mit Leitungswasser gründlich nass, bevor du in den Pool springst. Nasses Haar nimmt nicht so viel Chlor auf.
- Spül deine Haare sofort aus, wenn du aus dem Wasser kommst.
- Wasch dein Haar nach dem Schwimmen mit normalem Shampoo oder mit speziellem Shampoo für Schwimmer.

Chrissi: *Ich habe ständig so weiße Flöckchen auf meinen dunklen Pullis, die aus meinen Haaren fallen. Total eklig! Was kann das denn sein?*

Wenn sich deine Kopfhaut trocken anfühlt und juckt, dann hast du Schuppen. Daran ist aber nichts Ekliges! Schuppen sind einfach kleine Hautschüppchen, die sich von der Kopfhaut abgelöst haben. Dagegen hilft ein Schuppenshampoo aus der Drogerie oder Apotheke. Vorher solltest du dir aber überlegen, ob du vielleicht in letzter Zeit viel Schaum, Gel oder Haarspray verwendet hast oder ob du deine Haare besonders häufig oder eher zu selten gewaschen hast. Das können nämlich alles Ursachen für eine Reizung der Kopfhaut sein, die daraufhin dann Schuppen bildet.

Lilly: *Mein kleiner Bruder hat mir einen Kaugummi in die Haare geschmiert! Wie kriege ich den bloß wieder raus?*

Schmier etwas Butter oder anderes Fett auf den Kaugummiklumpen und massiere es so lange ein, bis der Kaugummi aufhört zu kleben und du ihn herausziehen kannst. Danach musst du natürlich das Fett aus deinen Haaren waschen!

Zoey: *Mir fallen anscheinend die Haare aus! Jedes Mal, wenn ich sie durchbürste, bleiben eine ganze Menge Haare in der Brüste hängen. Kriege ich jetzt eine Glatze?*

Wahrscheinlich kannst du ganz locker bleiben. Die meisten Menschen verlieren am Tag ungefähr hundert Haare. Da aber an die 100.000 Haare auf deinem Kopf wachsen, hast du noch mehr als genug übrig! Wenn du allerdings tatsächlich erheblich mehr als hundert Haare verlierst oder richtig kahle Stellen bekommst, solltest du mit einem Erwachsenen darüber reden!

Reni: *Ich habe ganz stark naturkrause Haare, die ständig austrocknen und abbrechen. Was kann ich machen?*

Dein Haar ist besonders empfindlich. Sei sehr vorsichtig mit dem Bürsten und benutze eine gute Spülung. Außerdem solltest du öfter mal eine Haarkur oder eine Packung mit Öl machen, um deine Haare geschmeidig zu halten.

Mit Gott darüber reden

Jetzt kann ich dich schon beinahe sagen hören: „Also, ob Gott wirklich über meine *Haare* reden will . . .?"

Eins ist sicher: Gott möchte über alles reden, das dich bewegt und interessiert. Und das schließt auch deine Haare mit ein!

Wenn du dich also heute zum Beten hinsetzt, sieh dir mal die folgende Liste an und überlege, ob du über eines dieser Themen mit Gott reden möchtest. Natürlich kannst du auch noch was hinzufügen, das ich nicht aufgeschrieben habe.

Ich möchte mit Gott über Folgendes sprechen:

- *Meine Einstellung zu meinen Haaren. Ich bin immer noch nicht zufrieden mit ihnen, obwohl ich weiß, dass das falsch ist!*
- *Die Tatsache, dass ich mir viel zu viele Gedanken über meine Haare mache. Wenn meine Frisur mal nicht sitzt, flippe ich total aus!*
- *Darüber, dass ich mich zu wenig um mein Aussehen kümmere. Ständig vergesse ich, mir die Haare zu kämmen und meine Mutter muss mich daran erinnern, zum Friseur zu gehen.*
- *Meine Mutter! Sie erlaubt mir nicht, meine Haare so zu tragen, wie ich will. Ich soll natürlich meinen Eltern gehorchen, aber ... Hilfe!*
- *Dankbarkeit. Ich möchte lernen, für jedes Haar auf meinem Kopf dankbar zu sein, genau so, wie es eben ist!*

Seerosenblatt

Wenn Gott mir etwas über meine Haare erzählen wollte, würde er vermutlich etwa Folgendes sagen:

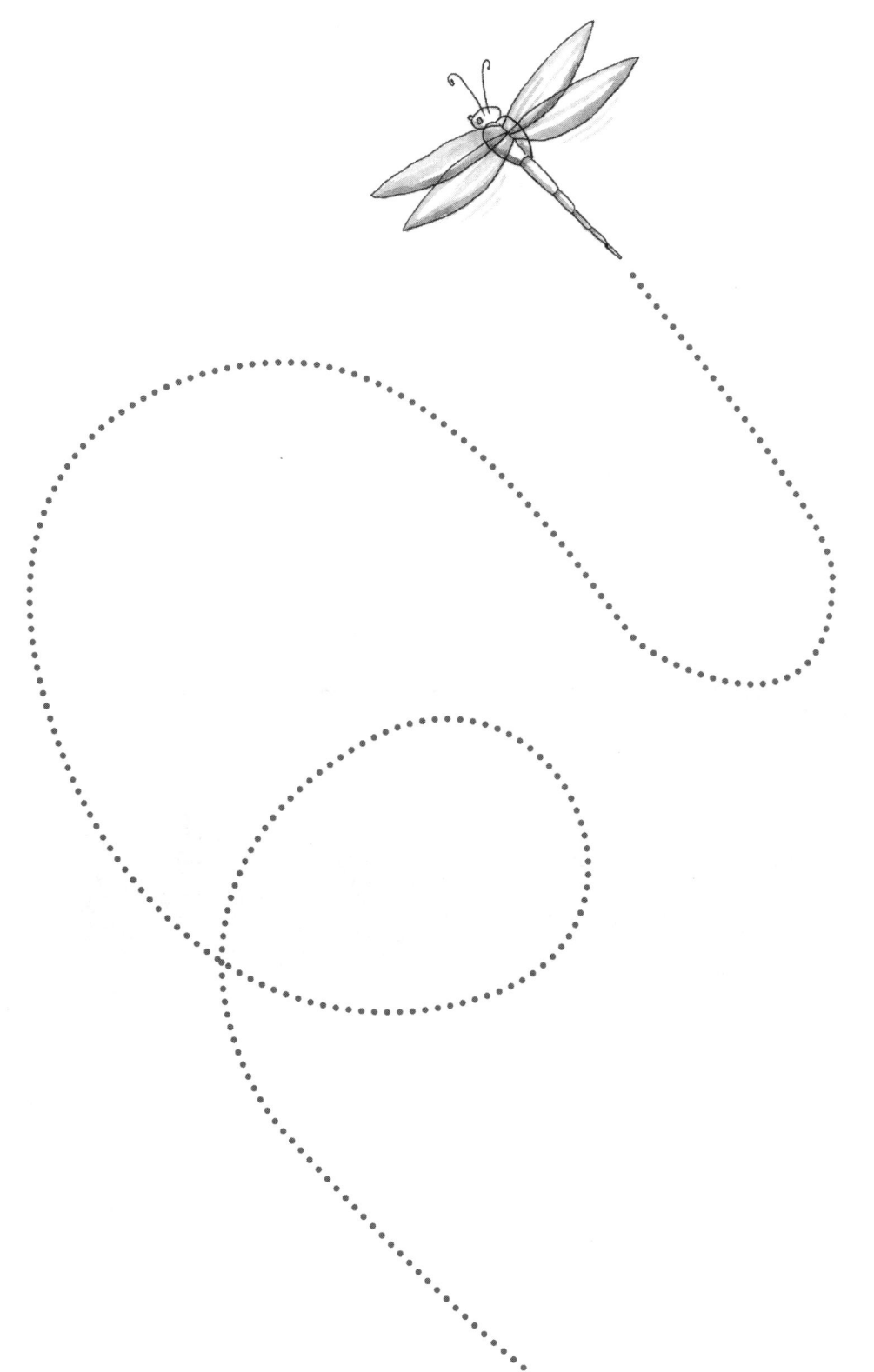

12. Steckst du gern in deiner Haut?

Mit Haut und Muskeln hast du mich umgeben ...
(Hiob 10,11)

Porentief rein

Neben deinen Haaren ist auch deine Haut ein Teil deines Körpers, der viel Zuwendung braucht, wenn du deine wahre Schönheit zum Vorschein bringen willst. Immerhin ist die Haut das größte Organ deines Körpers!

Fragen & Antworten

Zoey: Meine Mutter hat mich auf diese Avon-Party geschleppt und die Beraterin hat uns lauter Reinigungslotions und Cremes und so Zeug angedreht. Ich bin total verwirrt! Braucht man diesen ganzen Kram denn wirklich?

Was du im Moment wirklich tun musst, ist, deine Haut sauber halten. Wasch dir das Gesicht morgens nach dem Aufstehen und abends vor dem Schlafengehen, am besten mit einer milden Seife oder einer Reinigungslotion. Massier die Seife vorsichtig mit den Fingern oder einem weichen Waschlappen ein. Dann spülst du sie mit warmem Wasser ab und trägst eine nicht fettende Creme oder Lotion auf. Fertig!

Lilly: Meine Haut ist so weiß, dass ich im Dunkeln leuchte! Ich weiß, dass man sich der Sonne besser nicht zu sehr aussetzen sollte, aber eine leichte Bräune wäre schon toll!

Wenn du so helle Haut hast, ist es besser, nicht zu viel in die Sonne zu gehen. Du würdest sowieso nicht knackig braun, sondern nur krebsrot! Warum stört dich deine helle Haut denn so? Alabasterhaut und ein Porzellanteint sind doch sehr schön! Vor allem viel besser als die möglichen Folgen der Sonneneinstrahlung:

- frühe Faltenbildung
- Pigmentflecken
- Sonnenbrand
- allergische Reaktionen
- Hautkrebs

Wenn du nun aber gar nicht mit deiner hellen Haut leben kannst, kannst du ab und zu eine Selbstbräunungs-Milch benutzen. Doch bitte genau die Anwendungsanleitung befolgen!

Lilly: Heißt das, dass ich gar nicht mehr in die Sonne gehen darf? Das finde ich aber übertrieben!

Nein, das wäre auch falsch, denn die Sonne versorgt unseren Körper unter anderem mit dem wichtigen Vitamin D und beeinflusst unsere Stimmung positiv. Aber du solltest dich vor zu viel Sonneneinstrahlung folgendermaßen schützen:

- Schmier dich mit Sonnencreme ein, die einen hohen Lichtschutzfaktor (LSF) hat. Der Lichtschutzfaktor sagt dir, wie lange du dich in der Sonne aufhalten kannst. Trägst du eine Sonnencreme mit LSF 15 auf, dann kannst du 15 Mal so lange in der Sonne bleiben wie ohne Sonnencreme. Zwischen 11 Uhr morgens und 15 Uhr nachmittags ist die Sonneneinstrahlung besonders stark; sei dann also auch besonders vorsichtig.
- Wenn du im Schwimmbad bist, solltest du nach jedem Schwimmen eine neue Schicht Sonnencreme auftragen.
- Trag eine Sonnenbrille mit UV-Filter.
- Komm dir nicht albern vor, weil du dich vor der Sonne schützt. Du stellst nur sicher, dass du später nicht an Hautkrebs stirbst oder aussiehst wie ein alter Lederkoffer!

Susi: *Also, das ist alles, was ich tun muss? Mein Gesicht waschen und nicht zu lange in der Sonne bleiben?*

Genau. Gesunde Ernährung, viel Bewegung und viel Trinken sind auch hilfreich. Zu diesen Themen hatten wir ja schon eigene Kapitel in diesem Buch – blätter ruhig noch mal zurück!

Hautprobleme

Da fängst du nun an, dich für dein Aussehen zu interessieren – und Bingo, da bekommst du auch schon Pickel und siehst aus wie eine Pepperoni-Pizza. Oder an deiner Lippe wächst ein Herpesbläschen von der Größe einer Himbeere. Ätzend! Da kann dir nun wirklich niemand mehr einreden, dass das schön sei!

Du kannst aber auch mit solchen Sachen umgehen lernen. Gleich kommen ein paar Tipps!

Mach den Test

Wasch dein Gesicht zunächst gründlich und trag anschließend keine Creme, Lotion oder Make-up auf. Dann stell dich vor den Spiegel und mach eine Bestandsaufnahme zum Thema Haut. Kreis immer den Buchstaben ein, der dich am treffendsten beschreibt!

Pickel! In meinem Gesicht entdecke ich . . .
a keinen einzigen!
b ein paar Mitesser hier und da.
c ein paar ziemlich üble, entzündete Stellen.
d ungefähr tausend eklige Pickel überall!

Wenn du a) eingekreist hast, kannst du dich glücklich schätzen! Aber sei vorbereitet, okay? Auch wenn du jetzt eine klare Haut hast, können später immer noch Pickel auftauchen. Je weiter du in die Pubertät kommst, desto mehr Talg produzieren deine Talgdrüsen. Talg in Kombination mit Bakterien kann deine Poren verkleben – und schon sind Pickel entstanden! Da du 94 Talgdrüsen pro Quadratzentimeter Haut besitzt, kannst du dir ja ausrechnen, wie hoch die Pickelwahrscheinlichkeit ist . . . Deshalb ist es wichtig, dass du deine Haut immer sorgfältig reinigst und gut pflegst, auch wenn du noch keine Probleme damit hast!

b) – Keine Panik! Jeder bekommt von Zeit zu Zeit mal eine Hautunreinheit, einen Mitesser oder einen entzündeten Pickel. Halte einfach dein Gesicht sauber und drück nicht an den Pickeln herum! Schmutz und Bakterien an deinen Fingern (auch wenn du sie noch so gut gewaschen hast!) können einen harmlosen Mitesser in einen entzündeten Riesenpickel verwandeln, der unter Umständen sogar eine Narbe hinterlässt. Trag lieber ein entzündungshemmendes Mittel auf und lass das Ding in Ruhe, bis es abgeheilt ist.

c) – Nimm's dir nicht zu sehr zu Herzen! Du kannst einiges tun, um deine Situation zu verbessern. Abgesehen davon, dass du deine Haut immer sauber halten und die Finger von den Pickeln lassen solltest, kannst du überlegen, was deine Haut an den schlimmsten Stellen besonders reizt. Sitzen die Pickel zum Beispiel hauptsächlich an deiner Stirn, kann es sein, dass durch deine Ponyfransen zusätzlich Fett und Bakterien auf deine Haut gelangen. Halte deine Haare deshalb besonders sauber, benutze kein Haarspray, Gel oder Schaum und versuche, die Haare nicht in die Stirn hängen zu lassen, bis sich die Lage etwas beruhigt hat. Wenn du eine Brille trägst und Pickel auf deinem Nasenrücken erscheinen, solltest du das Gestell peinlich sauber halten und vor allem den Nasenbügel täglich reinigen, um weitere Infektionen zu vermeiden. Pickel am Kinn? Achte mal auf deine Gewohnheiten! Stützt du oft gedankenverloren das Kinn in die Hand oder fummelst geistesabwesend daran herum? Dann bombardierst du deine Poren jedes Mal mit Millionen von Bakterien! Halte deine Hände besonders sauber und versuche dir das mit dem Abstützen wieder abzugewöhnen!

d) – Du bist deswegen keine abstoßende oder unsaubere Person! Du hast schlicht und einfach Akne, eine Hautkrankheit, die in der Pubertät sehr verbreitet ist. Du kannst nichts dafür, dass du Akne hast (eventuell ist die Veranlagung dazu sogar erblich), aber du kannst einiges tun, um dein Hautbild zu verbessern.

- Halte deine Haut sehr sauber, aber schrubb nicht darauf herum. Das macht sie nur noch empfindlicher!
- Probier eine spezielle Reinigungslotion für Akne aus, die du in der Drogerie oder Apotheke bekommst. Produkte, die *Benzylperoxyd* enthalten, helfen gut, aber teste erst mal an einer unauffälligen Stelle, ob du allergisch dagegen bist! Wenn du zum Beispiel in der Armbeuge einen Ausschlag davon bekommst, bring die Lotion bloß nicht in dein Gesicht!
- Wenn die Akne wirklich außer Kontrolle gerät (wenn dir alles weh tut und du dich kaum noch vor die Tür traust), bitte deine Mutter oder deinen Vater, mit dir zu einem Hautarzt zu gehen, der dir spezielle Cremes und Tabletten verschreiben kann.
- Halte dich an dem Wissen fest, dass Akne in den späteren Teeniejahren meist ganz von selbst abklingt. Das scheint noch lange hin zu sein, aber die Zeit geht vorbei! Gott wird dir auch da durchhelfen.

Die Haut meiner Lippen ist . . .
a weich und glatt.
b spröde und rissig.
c öfter mal von einem Herpesbläschen gequält.

Wenn du a) eingekreist hast, freu dich! Noch ein Tipp: Wenn du länger in der Sonne bist, benutze einen Lippenbalsam mit Sonnenschutzfaktor. Lippen können nämlich auch verbrennen!

b) – Unangenehm, oder? Deine Lippen sagen dir, dass dein Körper zu wenig Feuchtigkeit bekommt. Probier mal, was passiert, wenn du jeden Tag mindestens sechs Gläser Wasser trinkst. Bis dahin kannst du deinen Lippen mit einem Lippenbalsam helfen. Den solltest du aber nicht dauernd benutzen, weil du sonst nie mehr ohne auskommst. Pack das Problem lieber an der Wurzel!

c) – Das ist bestimmt schmerzhaft. Herpes ist eine Virusinfektion, ähnlich wie eine Grippe, nur dass der Virus in deinem Blut bleibt und immer dann ausbricht, wenn dein Immunsystem, also deine körpereigene Abwehr, geschwächt ist. In der Drogerie gibt es Salben für akute Herpesbläschen. Wenn die nichts helfen, frag einen Hautarzt um Rat.

Was ist mit Make-up?

Wahrscheinlich tragen einige Mädchen in deiner Klasse schon Lippenstift, Wimperntusche und Rouge. Vielleicht findest du das albern, aber vielleicht fragst du dich auch, ob du langsam nicht selbst mal damit anfangen solltest. Schließlich sieht man geschminkt schon irgendwie besser aus und vor allem erwachsener – wenn man es kann!

Fragen wir doch mal Gott, was er dazu zu sagen hat!

Was hat sich Gott dabei gedacht?

Gott kommt ins Spiel, indem er sagt: „Du sollst deinen Vater und deine Mutter ehren" (Exodus 20,12). Du musst es noch eine ganze Weile mit deinen Eltern aushalten! Wenn du in Frieden mit ihnen leben willst, solltest du sie in solchen Fragen um ihre Meinung bitten und diese dann auch respektieren.

Es ist wirklich das Beste, wenn du mit deiner Mutter und deinem Vater darüber sprichst, ob und wann du Make-up tragen darfst. Eltern haben normalerweise ziemlich gute Gründe dafür, warum sie dir etwas erlauben oder (noch) nicht erlauben. Manche der Gründe, mit Lippenstift und Eyeliner noch zu warten, kommen sogar direkt aus der Bibel:

- Vielleicht befürchten deine Eltern, dass du geschminkt „billig" oder aufreizend aussehen könntest, sodass Männer auf dumme Gedanken kommen. Kennst du Isebel, die in der Bibel ziemlich schlecht wegkommt? Von ihr heißt es, dass sie ihre Augen stark schminkte. Überhaupt werden viele der „bösen Mädchen" in der Bibel als aufgedonnert und übermäßig stark geschminkt beschrieben.
- Vielleicht möchten deine Eltern auch nicht, dass du dich zu sehr mit deinem Aussehen beschäftigst und an nichts anderes mehr denkst. In der Bibel wird immer wieder davor gewarnt, zu viel Zeit auf sein Äußeres zu ver(sch)wenden und die wirklich wichtigen Dinge aus den Augen zu verlieren. Im Buch Esther werden die Mädchen ein ganzes Jahr lang ausschließlich mit Schönheits-

behandlungen, Bädern und Schminkanleitungen auf den Moment vorbereitet, an dem sie dem König entgegentreten sollen. Was für eine Zeitverschwendung!

- Deine Eltern möchten vermutlich nicht, dass du dich älter machst, als du bist. Sie wollen einfach, dass du du bist und deine Jugend genießt. Und Gott möchte das auch!

Hör dir die Argumente deiner Eltern an. Wenn du nicht mit ihnen übereinstimmst, ist es in Ordnung, ihnen das in einem ruhigen Ton zu sagen. Aber wenn du dich gern schminken willst und sie sagen Nein, dann musst du das akzeptieren. Denk daran, dass das nicht das Ende der Welt ist! Deine Schönheit kommt aus deinem Inneren, und alles Make-up der Welt kann sie höchstens unterstreichen und betonen. Deshalb kannst du damit noch früh genug anfangen!

Es ist übrigens nicht fair, Schminkzeug mit in die Schule zu nehmen und sich erst dort zu schminken. Wenn deine Eltern Nein gesagt haben, halte dich auch daran. Betrug sieht an niemandem gut aus!

Ein Kompromiss wäre es vielleicht, wenn deine Eltern dir erlauben, zu Hause schon mal ein bisschen das Schminken zu üben, aber nicht geschminkt auf die Straße zu gehen. Wenn es dann so weit ist und du dich offiziell schminken darfst, hast du bereits Erfahrung. Denn eins kann ich dir versichern: Sich richtig gut zu schminken ist alles andere als einfach!!

Wenn deine Eltern Ja sagen und du deine ersten Schminkversuche startest, denk an Folgendes:

- Zu viel des Guten ist schlechter als gar kein Make-up. Lidschatten, Wimperntusche und Co. sollen deine natürliche Schönheit unterstreichen, nicht verändern oder überdecken!
- Such dir eine Frau mit Schmink-Erfahrung, die dir am Anfang hilft. Sich gut zu schminken erfordert Können und Übung, sonst siehst du am Ende aus wie ein Clown – und das wäre gar nicht lustig! Vielleicht hilft dir deine Mutter und lässt dich mal mit ihren Schminksachen üben.
- Versuch erst mal nur eine Sache. Vielleicht probierst du es mit etwas Lipgloss, oder du tuschst dir nur die Wimpern und gewöhnst dich langsam an den Anblick. Für den Anfang brauchst du eigentlich sowieso nur einen unaufdringlichen Lippenstift, der zu deinem Hautton passt. Mit einem zarten Rosaton, der der natürlichen Farbe deiner Lippen ähnelt, kannst du nichts falsch machen. Dazu reicht dann ein bisschen braunes oder schwarzes Mascara (Wimperntusche). Vielleicht kannst du auch noch einen hellen Puder zum Mattieren oder ein bisschen pastellfarbenen Lidschatten auftragen. Damit bist du dann perfekt zurechtgemacht!

- Benutze jedoch kein Make-up, das du gar nicht brauchst. Wenn du eine klare Haut hast, ist es völlig unnötig, eine Grundierung oder Make-up aufzutragen. Das ist nämlich wirklich schwierig, und man sieht leicht aus wie Winnetous Schwester, wenn man den falschen Farbton erwischt. Auch lange, dunkle Wimpern brauchen kein Mascara und rosige Wangen kein zusätzliches Rouge.
- Zu Hause vor dem Spiegel kannst du ruhig wild herumexperimentieren, aber denk daran, dass dein Gesicht betont werden soll, nicht angemalt! Zwar kannst du ein rundes Gesicht oder eine breite Nase mit Make-up geschickt modellieren, aber das will wirklich gekonnt sein. Lidschatten sieht schnell nach einem Veilchen aus, wenn man es übertreibt, und Lippenstift in einer grellen Farbe richtig aufzutragen ist auch eine Kunst.
- Schmink dich immer komplett ab, bevor du ins Bett gehst.
- Make-up-Utensilien solltest du nicht verleihen. Das ist nicht pingelig, sondern einfach hygienebewusst.

Spaß bei der Hautpflege

Hautpflege muss keine langweilige Angelegenheit sein! Deiner Haut ab und zu mal was Gutes zu gönnen kann sogar richtig Spaß machen. Mit der Erlaubnis deiner Eltern könntest du ja mal folgende Tipps ausprobieren (vielleicht hat deine Mutter sogar Lust mitzumachen!?):

- Vermische milden Joghurt ohne Geschmack mit etwas Zitronensaft und verteil die Mischung dick auf deinem Gesicht und allen sonstigen Körperteilen, für die die Portion reicht. Leg dich eine Weile ganz entspannt hin und lass die Mischung wirken.

- Trag dieselbe Grundmischung auf und leg dazu noch Gurken- oder Erdbeerscheiben auf dein Gesicht. Das sieht zwar total bescheuert aus, aber nach 20 Minuten fühlt sich deine Haut wunderbar weich an!
- Tauch einen Waschlappen in heißes Wasser, wring ihn aus und leg ihn so heiß wie möglich auf dein Gesicht. Entspann dich und lass die Wärme wirken. Wiederhole das Ganze so oft, bis deine Haut durchgewärmt ist und deine Wangen sich röten.

Mit Gott darüber reden

Wenn du heute betest, rede mit Gott doch ruhig auch über deine Haut. Er will alles mit dir teilen – sogar deinen Pickelfrust. Lass es alles raus. Wenn es dir hilft, kannst du folgende Einleitung benutzen:

Hallo, Gott!

Ich bin's mal wieder! Ich würde mit dir gerne über etwas reden, nämlich dieses große Organ namens Haut, das du mir gegeben hast.

Meine Haut ist ....
..
..
..

Zum Thema Pickel möchte ich dir sagen ....
..
..
..

Diese ganze Sache mit der Sonneneinstrahlung und der Hautkrebsgefahr finde ich ....
..
..
..

Was das Schminken angeht, ...
..
..
..

Und sonst fällt mir zum Thema Haut noch Folgendes ein: ....
..
..
..
..

Ich danke dir, dass du mir diese Haut geschenkt hast. Besonders froh bin ich über
..
..
..

Deine ....

Seerosenblatt

Kannst du dir dich selbst als alte Dame mit ganz faltigem Gesicht vorstellen? Wenn ja, was meinst du, wie du dann wohl aussehen wirst?

13. Eine Sache mit Hand und Fuß

Wie lieblich sind auf den Bergen die Füße der Freudenboten!
(Jesaja 52,7)

*In meinem Namen können sie böse Geister austreiben . . .
und Kranke, denen sie die Hände auflegen, werden gesund.*
(Markus 16,17–18)

Deine Hände und Füße sind hochsensible, komplexe Instrumente, die Gott dir geschenkt hat und die er für seine Sache einsetzen möchte. Allein schon deshalb solltest du sie gut pflegen!

Fragen & Antworten

Zoey: *Jetzt muss ich schon meine Haare und meine Haut pflegen, und dann kommen auch noch Hände und Füße dazu? Puh!*

Keine Panik! Hände und Füße verlangen nicht viel Zuwendung. Es gibt nur ein paar Dinge, die du regelmäßig tun solltest:

- Einmal die Woche eine kleine Maniküre und alle zwei Wochen eine Pediküre machen. Dabei säuberst du deine Nägel an Händen bzw. Füßen gründlich, feilst kleine Kanten und Ecken glatt und schneidest eventuell zu lang gewachsene Nägel ab. Das kannst du prima erledigen, während du Musik hörst oder telefonierst.
- Nach dem Duschen Feuchtigkeitslotion auf Hände und Füße auftragen. Die Haut an Händen und Füßen wird durch Druck, Waschen, Arbeiten, Laufen etc. extrem beansprucht und braucht daher mehr Feuchtigkeit als die Haut an deinem restlichen Körper.

Lilly: *Ist es wirklich soooo wichtig, wie meine Hände und Füße aussehen?*

Klar! Hast du schon mal ein Mädchen gesehen, das toll aussah, eine klare Haut hatte und schicke Klamotten trug – und dann hast du auf ihre Hände geguckt und abgekaute Fingernägel und eingerissene Haut bemerkt? Oder warst du schon mal mit einer Freundin am Strand, die einen Riesenaufwand mit ihrer Frisur und dem richtigen Badeanzug getrieben hatte, aber dann ungepflegte Füße mit überlangen Nägeln und hornigen Fersen aus ihren Schuhen holte? Igitt! Natürlich sind

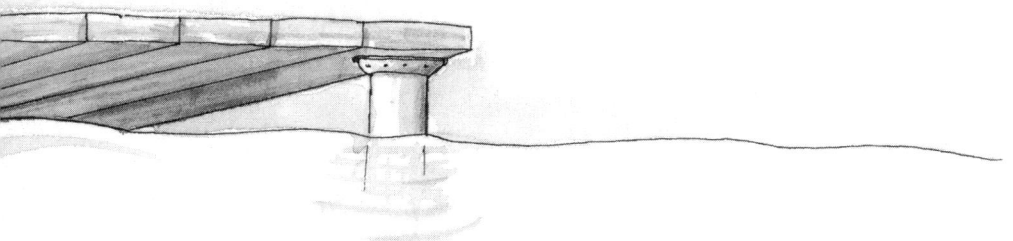

gepflegte Hände und Füße nicht das Wichtigste auf der Welt, aber ohne sie ist man irgendwie nur halb fertig, findest du nicht? Du solltest deinen ganzen Körper gleichermaßen gut pflegen. Schließlich gehörst du ganz Gott!

Zeigt her eure Hände ...

Lass uns gemeinsam einen Plan für deine Handpflege erstellen. Wahrscheinlich findest du alle nötigen Geräte irgendwo in eurem Haushalt – und wenn nicht, überspringst du den Schritt einfach und machst weiter, wenn du das Teil besorgt hast, das du brauchst.

Benötigte Utensilien

- Nagellackentferner und Wattebäuschchen (natürlich nur, wenn du Nagellack benutzt)
- eine große Schüssel mit warmem Wasser und etwas Seife darin
- Nagelbürste oder Metall-Nagelreiniger (der ist normalerweise an dem Nagelknipser dran)
- Handlotion
- Q-Tips (Ohrenstäbchen)
- Nagelschere oder Nagelknipser
- Nagelfeile
- wenn du die Nägel lackieren willst: Klarlack, farbiger Lack

Schritt für Schritt

- Entferne alle Nagellackreste mit Wattebäuschchen, die du mit Nagellackentferner getränkt hast.
- Glätte deine Nägel mit der Feile. Immer nur in eine Richtung feilen, von den Rändern zur Mitte hin. Hin- und herraspeln schwächt den Nagel nur! Alle Nägel sollten ungefähr die gleiche Länge und die gleiche Form aufweisen. Oval ist sicher nicht verkehrt, aber manche Mädchen mögen auch gerade gefeilte Nägel.
- Tauch deine Hände in die Seifenlauge und lass deine Nägel ein paar Minuten einweichen. So bekommst du hartnäckigen Schmutz besser heraus. Danach die Hände gut abspülen und abtrocknen.

- Jetzt cremst du dir die Hände mit Lotion ein und lässt sie einziehen. Es sollte keine Lotion mehr auf deinen Nägeln sein (Reste abwischen), wenn du zum nächsten Schritt kommst.
- Benutz das Ohrenstäbchen, um die Nagelhäutchen sanft zurückzuschieben. Wenn ein Nagelhäutchen eingerissen ist, schneide es vorsichtig mit der Nagelschere ab. Nicht daran zupfen oder versuchen es abzubeißen, denn dabei reißt die Haut nur noch mehr ein und das gibt schmerzhafte Entzündungen.

Wenn du deine Nägel lackieren willst, machst du jetzt Folgendes:

- Zuerst kommt die Grundierung. Am besten ist es, wenn du den Klarlack mit drei Strichen auf den ganzen Nagel aufträgst. Die Grundierung muss komplett trocken sein, bevor du weitermachst. Sie ist deshalb erforderlich, weil es bei manchen bunten Nagellacken passieren kann, dass sich die Fingernägel gelblich verfärben, wenn man sie direkt aufträgt. Nicht sehr verlockend!
- Wenn die Grundierung trocken ist, trag zwei Schichten bunten Nagellack auf, auch jeweils mit drei Strichen. Die zweite Schicht kommt aber erst dann drauf, wenn die erste ganz durchgetrocknet ist.
- Jetzt kommt die letzte Schicht, wieder Klarlack als Schutz für den bunten. Richtig geraten – auch hier drei Striche pro Nagel verwenden!
- Es dauert einige Stunden, bis deine Nägel durch und durch trocken sind. Am besten machst du deine Maniküre daher kurz vor dem zu-Bett-gehen, denn dann ist die Gefahr am geringsten, dass du dir den Lack gleich wieder abstößt. Die Nägel dürfen nicht mit Wasser in Kontakt kommen, bevor sie vollkommen trocken sind! Wenn du die Trockenzeit beschleunigen musst, streck deine Hände zwei Minuten lang ins Tiefkühlfach eures Kühlschranks. Das trocknet aber nur die Oberfläche, also trotzdem noch vorsichtig sein!

Und jetzt ran an die Füße!

Wo wir schon dabei sind, warum nicht auch gleich die Füße schön machen?

Schnapp dir also noch mal deine Ausrüstung und los geht's! Zusätzlich brauchst du für deine Füße noch einen Bimsstein.

Schritt für Schritt

- Eventuelle Nagellackreste mit Watte entfernen. Nie neuen über alten Nagellack auftragen – das sieht einfach schrecklich aus!
- Schneide deine Fußnägel gerade mit der Schere oder dem

Knipser ab. Nicht tief in die Ecken hineinschneiden, um eine ovale Form zu erzielen – mach das nur bei den Fingernägeln! Wenn du die Ecken ausschneidest, kann das dazu führen, dass sich dein Fußnagel einrollt und seitlich ins Fleisch einwächst. Das tut gemein weh und verursacht böse Entzündungen. Im Notfall muss dir sogar der Nagel gezogen werden – stell dir lieber nicht vor, wie das ist!

- Weich deine Füße eine Viertelstunde im warmen Seifenwasser ein, um Hornhaut, Schwielen etc. aufzuweichen. Es fühlt sich gut an, dich selbst so ein bisschen zu verwöhnen, nicht wahr? Wenn die Zeit um ist, die Füße gut abtrocknen.
- Mit dem Bimsstein kannst du jetzt die hornigen Stellen (Ferse, Unterseite vom großen Zeh . . .) abrubbeln, um die tote Hautschicht zu entfernen.
- Mit der Spitze der Nagelfeile Schmutzränder unter den Nägeln entfernen.
- Massiere deine Füße sanft mit Feuchtigkeitslotion. Wenn du später noch lackieren willst, dürfen aber keine Cremereste auf den Nägeln sein!
- Mit dem Ohrenstäbchen sanft die Nagelhäutchen zurückschieben.

Wenn du dir die Nägel nicht lackieren willst, war es das schon! Wenn du sie lackieren willst, geht das genauso wie bei den Fingernägeln. Bei den Fußnägeln ist es sinnvoll, außerdem noch Watteröllchen zwischen die Zehen zu stecken, um sie zu trennen, sodass der Lack nicht verschmiert.

Jetzt sieh dich mal an! Von Kopf bis Fuß gepflegt und einfach umwerfend!

Mach den Test

Zieh dir Schuhe und Socken aus. Wir wollen mal nach den häufigsten Problemen im Zusammenhang mit Händen und Füßen schauen.

Wie oft wäschst du dir die Hände?
Hoffentlich sagst du jetzt „oft", weil saubere Hände der beste Schutz vor Bakterien und Krankheitserregern sind. Wasch dir immer die Hände, wenn du auf der Toilette warst, bevor du etwas isst, wenn du ein Tier angefasst hast und wenn du vom Einkaufen nach Hause kommst. Wenn du eine Erkältung hast, solltest du dir noch öfter die Hände waschen, am besten jedes Mal, wenn du dir die Nase geputzt hast.

Kaust du an deinen Fingernägeln?
Hoffentlich kaust du nur an denen und nicht auch noch an deinen Fußnägeln!

Aber mal im Ernst: Wenn du ein Nagelkauer bist, willst du diese schlechte Angewohnheit sicher gerne ablegen. Nicht nur, dass abgekaute Fingernägel ziemlich hässlich aussehen. Jedes Mal, wenn du einen Finger in den Mund nimmst, beißt du buchstäblich in Millionen von Keimen und Bakterien! Außerdem sieht auch Schmuck an Händen mit „Nägelstümpfen" einfach nicht gut aus. Was kannst du denn nun tun, um dir das Nagelkauen abzugewöhnen? Es ist nicht einfach, aber hier kommen ein paar Tricks:

- Wenn deine Hände nicht beschäftigt sind, zum Beispiel beim Fernsehen, nimm etwas Kleines in die Hand (einen schön geformten Stein etc.) oder spiel mit etwas (Zauberwürfel, Knete, Gummis . . .).
- Hol dir in der Drogerie einen speziellen Nagellack, der eklig schmeckt und helfen soll, sich das Nagelkauen abzugewöhnen.
- Gönn dir selbst eine Belohnung, wenn du es, sagen wir mal, 5 Tage ohne Nagelkauen ausgehalten hast. Und kein Schummeln, bitte!
- Fang an, einmal die Woche wie vorhin beschrieben eine Maniküre zu machen, selbst wenn du noch keine schönen Nägel vorzuweisen hast. Du wirst überrascht sein, wie viel einfacher es ist, gepflegte, glatte Nägel aus dem Mund zu lassen!

Hast du Warzen an Händen oder Füßen?

Die sehen nicht besonders toll aus, was? Aber sei gewiss, dass sie niemandem so groß und auffällig vorkommen wie dir selbst. Außerdem sind sie harmlos. Warzen werden durch eine Virusinfektion hervorgerufen und gehen normalerweise von selbst wieder weg. Es gibt Produkte, die diesen Prozess beschleunigen, und in ganz hartnäckigen Fällen kann ein Arzt dir eine Warze durch Vereisen oder Veröden entfernen. Das tut allerdings ein bisschen weh und hinterlässt eine kleine Narbe, die aber nach einer Weile verschwindet.

Auf jeden Fall darfst du nicht an einer Warze herumpuhlen, denn das kann dazu führen, dass der Virus sich ausbreitet und noch mehr Warzen entstehen.

Ist dein Nagellack im Moment abgeplatzt oder passiert das immer gleich ein oder zwei Tage nach dem Lackieren?

Nagellack blättert leider immer ziemlich schnell wieder ab. Da hilft nichts – der ganze Kram muss runter! Nägel ohne Lack sehen immer noch besser aus als welche mit abblätternder Farbe. Wenn du nicht genug Zeit hast, den Lack regelmäßig zu erneuern, verwende nur Klarlack. Und benutze Nagellackentferner nicht zu oft, denn der trocknet die Nägel aus und macht sie brüchig.

Sind in deinem Nagellack viele Luftbläschen?

Dann hast du ihn vermutlich zu sehr geschüttelt. Roll die Flasche lieber zwischen deinen Handflächen hin und her, um die Farbe durchzumischen.

Sind deine Nägel spröde oder brechen sie dauernd ab, obwohl du nicht daran kaust?

Dann hast du wohl von Natur aus weiche Nägel. Dafür gibt es spezielle Nagelhärter, die wie Nagellack aufgetragen werden. Außerdem gibt es verschiedene Produkte, die von innen etwas für kräftige Haare und Nägel tun, zum Beispiel Dragees mit Biotin oder Kieselgur. Falls deine Nägel wegen eines Vitamin- oder Mineralmangels brüchig sind, können die wirklich helfen!

Schwellen deine Füße manchmal an?

Nimm dir die Zeit, sie tagsüber ab und zu mal hochzulegen. Das geht prima, während du liest oder telefonierst. Du solltest dich auch nicht mit übergeschlagenen Beinen hinsetzen, denn das verlangsamt die Blutzirkulation und kann zu geschwollenen Knöcheln und Füßen führen.

Haben deine Füße ein Geruchsproblem?

Das kann ganz schön peinlich sein! Um deine Füße geruchsfrei zu halten, solltest du . . .

- immer frische Socken aus Baumwolle oder Wolle tragen. Das sind Naturfasern, die Schweiß absorbieren, der sonst zu dem unangenehmen „Aroma" führt.
- Schuhe aus Naturmaterialien wie Leder oder Leinen tragen. Darin können deine Füße „atmen", während sie in Schuhen aus Plastik so richtig „im eigenen Saft schmoren".
- den Geruch aus deinen Schuhen entfernen, indem du etwas Backpulver hineinstreust und es über Nacht drin lässt. Wenn du es morgens rausschüttelst, sind deine Schuhe absolut geruchsfrei.
- nicht die ganze Zeit Turnschuhe tragen, denn die sind definitiv die größten Fußschweißproduzenten!

Tun dir oft die Füße weh?

Wenn du dich dabei ertappst, dass du bei jeder Gelegenheit deine Schuhe abstreifst (wie zum Beispiel im Kino, beim Essen etc.), trägst du wahrscheinlich zu kleine oder zu enge Schuhe. Kauf Schuhe nie einfach nach der Größe, denn deine Füße befinden sich noch im Wachstum und deshalb verändert sich deine Schuhgröße. Schuhe immer anprobieren! Es kann auch sein, dass ein Fuß größer ist als der andere. Geh eine Weile in den neuen Schuhen hin und her, bis du ganz sicher bist, dass sie nicht drücken oder scheuern. Kauf sie nicht, wenn sie zu eng sind, auch wenn

die nette Schuhverkäuferin versichert, sie würden sich noch weiten. Zu groß sollten sie aber auch nicht sein!

Kontrollier mal die Absätze deiner Schuhe. Flache Schuhe sollten nicht absolut flach sein, sondern einen kleinen Absatz von vielleicht 1 bis 2 Zentimetern haben. Hohe Absätze sind was für besondere Gelegenheiten, aber du solltest sie nicht jeden Tag tragen, weil der Gang auf „Zehenspitzen" deine Wirbelsäule extrem belastet.

Wenn die Sohle zu dünn oder zu hart ist, kannst du Einlagen benutzen. Die gibt es aus Leder, aus Kork und aus vielen anderen Materialien. Sie polstern den Fuß und machen das Gehen angenehmer.

Müde Füße kannst du mit Wechselduschen (abwechselnd warmes und kaltes Wasser) wieder auf Trab bringen. Erfrischend ist auch ein Fußbad: Du löst 2 Esslöffel Salz in einer Schüssel mit 2 Litern warmem Wasser und badest deine Füße darin, so lange das Wasser warm ist. Dann eine schöne Massage, und es kann wieder losgehen!

Hast du oft Blasen an den Füßen?

Blasen entstehen, wenn deine Schuhe gegen die Haut reiben. Durch die Reibung bildet sich eine Hauttasche, die sich nach und nach mit Flüssigkeit füllt. Reibt der Schuh immer weiter an derselben Stelle, geht die Blase irgendwann auf und das tut ziemlich weh. Versuch nie, eine gefüllte Blase aufzustechen! Denn dann dringen Bakterien ein und sie kann sich entzünden. Kleb lieber ein großes Pflaster über die Blase, um sie zu schützen, bis die Flüssigkeit resorbiert ist und die wunde Stelle abheilt. Nachts kannst du das Pflaster abmachen, damit Luft an die Stelle kommt. Blasen kannst du am besten vorbeugen, indem du immer die richtigen Schuhe trägst für das, was du gerade vorhast!

Hast du rote, nässende Stellen zwischen deinen Zehen und an der Unterseite deiner Füße?

Dann hast du vermutlich einen Hautpilz. Vor allem Sportler bekommen so eine Pilzinfektion leicht, weil der Pilz in warmer, feuchter Umgebung am besten gedeiht – also Umkleidekabinen, Schwimmbadduschen usw. Um vorzubeugen, solltest du an solchen Orten Badeschlappen tragen und deine Füße immer sehr gut abtrocknen, besonders zwischen den Zehen. In vielen Schwimmbädern gibt es Fußduschen mit einem Mittel gegen Fußpilz. Trag außerdem Schuhe, die deine Füße atmen lassen.

Wenn dich der Fußpilz schon erwischt hat, solltest du dir in der Drogerie oder Apotheke einen Anti-Pilz-Puder oder eine Salbe besorgen. Die Anwendung ist meist ganz einfach.

Mit Gott darüber reden

„Wie bitte? Ich soll mit Gott über *meine Füße* sprechen?"

Ja, klar! Weißt du noch, Gott interessiert sich für dich als Ganzes. Denk doch mal daran, zu welchem Zweck er dir deine Hände und Füße gegeben hat!

Lieber ....

Ich bin langsam ein bisschen .... von all dem Gerede über Maniküre und Pediküre. Hilfst du mir, alle meine Körperteile so zu pflegen, dass ich meine einzigartige Schönheit möglichst gut zur Geltung bringe? Das wäre gut, weil ....

Die wichtigsten Dinge, die ich mit meinen Händen tue, sind ....
...
...
...

Die wichtigsten Dinge, die ich mit meinen Füßen tue, sind ....
...
...
...

Lieber Vater, bitte unterstütz mich besonders bei ....
...

Und das Allerwichtigste: Erinnere mich daran, meine Hände im Gebet zu dir zu falten und mit meinen Füßen deinem Weg zu folgen!

Amen!

Seerosenblatt

Wenn du jedem deiner Finger und Zehen einen Namen geben solltest, wie würdest du sie nennen?

14. Haarige Angelegenheiten

. . . und sorge dafür,
daß sie alle Haare an ihrem Leib abrasieren . . .
(4. Mose 8,7)

Irgendwann fängst du wahrscheinlich an, dich zu rasieren. *Was?* Na ja, das kann schon sein. Seit Frauen Miniröcke und ärmellose Tops tragen, entfernen sich viele die Haare an den Beinen und unter den Achseln, um glatter und weiblicher auszusehen. Nicht jede Frau macht das, und es ist natürlich deine Sache, ob du dich lieber naturbelassen magst oder die Härchen entfernen möchtest.

Wenn du noch keine Achselhaare hast und die Härchen an deinen Unterschenkeln fein und hell sind, ist es völlig unnötig, sich darüber Gedanken zu machen. Irgendwann wachsen die Haare aber dichter und kräftiger und dann musst du entscheiden, ob du dich rasieren willst oder nicht. Wenn du zum Rasierer greifen möchtest, bitte aber unbedingt deine Mutter vorher um Erlaubnis!

Was hat sich Gott dabei gedacht?

Gott ist es wichtig, dass du die Meinung deiner Eltern respektierst. Deshalb solltest du es hinnehmen, wenn sie es nicht gut finden, dass du dich rasieren willst. Vielleicht möchten sie verhindern, dass du zu früh erwachsen wirst. Oder ihnen gefällt der Gedanke nicht, dich allein auf einen Rasierer loszulassen. Vielleicht sagen sie auch, dass deine Haare dichter nachwachsen, wenn du sie erst mal rasiert hast, und dass du sie dann immer rasieren musst. Was auch immer ihre Argumente sind – wenn deine Eltern Nein sagen, bleibt es dabei. Es wird ja nicht gleich für immer sein! Du kannst das Thema einfach in ein paar Monaten wieder ansprechen.

Wenn deine Eltern Ja sagen

Haare zu entfernen ist nicht leicht, aber immer noch einfacher als Algebra zu rechnen oder Eyeliner aufzutragen! Lass uns gemeinsam anschauen, wie das Haare-Entfernen funktioniert und welche Methoden es gibt. Rasieren ist wohl bei den meisten Mädchen die beliebteste Methode, hat aber den Nachteil, dass die

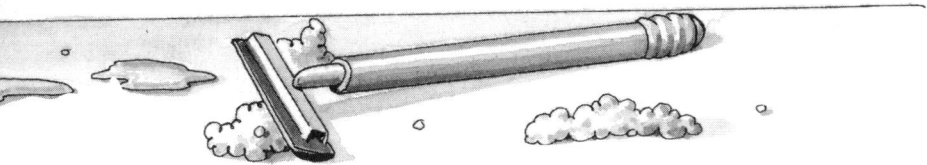

Haare schnell wieder nachwachsen (Stoppeln kommen eventuell schon nach einigen Stunden!), weshalb man es täglich machen muss. Außerdem wird beim Rasieren die Haarspitze stumpf abgeschnitten, wodurch das Haar beim Nachwachsen dicker und borstiger aussieht.

Alternativen zum Rasieren sind Epilieren, Wachs und Enthaarungscreme.

Beim *Epilieren* werden die Härchen mit einem speziellen Epiliergerät mitsamt der Wurzel ausgezupft. Das hat den Vorteil, dass die Haarwurzeln mit der Zeit immer mehr geschwächt werden und daher immer weniger Haare nachwachsen und diese auch irgendwann ganz leicht rausgehen. Außerdem dauert es erheblich länger (bis zu 3 Wochen), bis die Haare nachgewachsen sind. Am Anfang kann das Epilieren allerdings ganz gemein weh tun! Bevor du dir also ein teures Epiliergerät anschaffst, solltest du erst mal eins bei jemandem ausprobieren. Wenn du den Schmerz gut aushalten kannst, ist das Epilieren sicher die gründlichste und beste Methode, um störende Härchen loszuwerden. Ein Tipp: Wenn du die Stelle, die du epilieren willst, vorher mit einem Eiswürfel einreibst und die Haut schön straff ziehst, tut es weniger weh. Das Epiliergerät solltest du immer gründlich sauber halten und nach jeder Anwendung mit Alkohol desinfizieren.

Wachs funktioniert im Prinzip ähnlich: Ein Wachsstreifen wird warm auf die Haut aufgetragen, und wenn er abgekühlt ist, zieht man ihn mitsamt den Haaren ab. Das tut ziemlich weh, hat aber denselben Effekt wie das Epilieren. Auch der Schmerz wird wie beim Epilieren jedesmal geringer.

Enthaarungscreme wird einfach auf die Haut aufgetragen und nach ca. 10 Minuten mit einem feuchten Tuch wieder abgewischt. Die Creme löst die Haare chemisch aus der Haut und sie fallen dann einfach aus. Schmerzlos und bequem, hat diese Methode aber auch ihre Nachteile: Erstens ist eine Tube Enthaarungscreme nicht gerade billig. Zweitens ist die Creme ziemlich aggressiv und viele Leute reagieren allergisch darauf. Also erst mal an einer neutralen Stelle testen!

Enthaarungscreme ist allerdings unschlagbar, falls du die sogenannte Bikini-Zone enthaaren willst – also die Schamhaare entfernen willst, die sonst seitlich aus deinem Bikinihöschen ragen würden. Wenn du recht stark behaart bist, könnte dich das stören und auch ungewollt aufreizend aussehen. In der Bikini-Zone ist die Haut sehr empfindlich: Schon das Rasieren der Schamgegend verursacht bei den meisten Mädchen kleine Pickelchen und Entzündungen und an diese empfindlichen Stellen mit Wachs oder einem Epiliergerät heranzugehen, wäre barbarisch! Wenn du also die Enthaarungscreme gut verträgst, ist sie für diesen Bereich ideal.

Rasieren: Die meisten Mädchen und Frauen greifen nach wie vor zum Rasierer, weil diese Methode einfach praktisch ist, schnell geht und nicht weh tut (zumindest wenn du die folgenden Tipps beachtest!):

- Rasieren solltest du dich immer unter der Dusche, weil deine Härchen im nassen Zustand am weichsten sind.
- Trag ein bisschen Rasiercreme oder Seife auf deine Beine und deine Achselhöhlen auf.
- Benutze immer einen sauberen Rasierer mit einer neuen, scharfen Klinge. Eine stumpfe Klinge erhöht das Risiko, dass du dich verletzt, weil du dann mehr Druck ausüben musst! Es gibt auch Einwegrasierer aus Plastik, die wirklich nicht viel kosten. Leih dir auf keinen Fall den Rasierer von deinem Vater aus – sonst könnte der Dritte Weltkrieg ausbrechen!!
- Rasiere die Achselhöhlen von oben nach unten und in kurzen Strichen. Bei den Beinen fängst du unten an den Knöcheln an und ziehst den Rasierer in langen, weichen Strichen dein Bein hoch. Vorsicht an Knöcheln und Knien, da schneidet man sich leicht! Beim Rasieren musst du nicht fest drücken, sondern das Gerät einfach gleiten lassen.
- Die meisten Mädchen rasieren sich die Beine nur bis zum Knie. Die Härchen an den Oberschenkeln sind meist sehr fein und man sieht sie kaum.
- Alle paar Striche musst du den Rasierer mit Wasser abspülen, denn wenn lauter Härchen daran kleben, schneidet er nicht mehr gut. Wenn du fertig bist mit Rasieren, wasch den Rasierer gründlich ab, damit er für die nächste Rasur bereit ist.
- Zum Schluss Achselhöhlen und Beine gut mit Wasser abwaschen und abtrocknen. Danach Feuchtigkeitslotion auf die Beine auftragen und ein mildes Deo in die Achseln. Fertig!

Fragen & Antworten

Lilly: *Ich kriege immer so rote Pickel vom Rasieren. Das sieht schlimmer aus, als wenn ich die Haare einfach dranlassen würde!*

Hast du daran gedacht, die Härchen nass zu machen und Rasiercreme oder Seife aufzutragen? „Trocken" zu rasieren, reißt die Haut schmerzhaft auf und dann entstehen diese Rötungen.

Es kann auch sein, dass deine Härchen nicht ganz gerade nachwachsen und sich unter die Haut bohren, statt herauszukommen. Das kann zu hässlichen Entzündungen führen! Wenn das bei dir der Fall ist, sind Epilieren oder Wachs nichts für dich, denn da wachsen die Härchen noch feiner nach als beim Rasieren und kommen erst recht nicht heraus. Willst du deine Beine weiter enthaaren, aber solche Entzündungen vermeiden, dann benutze öfter mal ein Peeling, das die abgestorbenen Hautschüppchen an deinen Beinen entfernt. Die Härchen können dann leichter durch die Haut nach außen wachsen.

Reni: *Wie oft kann man diese Plastikrasierer denn benutzen?*

Meist reichen sie nur für zwei oder drei Anwendungen. Das klingt nach Verschwendung, aber nur mit einer scharfen Klinge bekommst du wirklich glatte Beine hin. Darum sind die Plastikrasierer ja auch in Massenpackungen zu haben!

Zoey: *Ich habe neulich probiert, mir die Beine zu rasieren, aber es wurde das reinste Blutbad. Meine Mutter hat mir verboten, es noch mal zu probieren, bevor ich 14 werde!*

Du solltest auf deine Mutter hören. Wann immer du das nächste Mal deine Beine rasierst, nimm eine ganz neue Klinge. Zieh sie langsam und vorsichtig über deine Beine, drück nicht fest und zieh sie nie seitwärts. An Stellen, wo Knochen herausstehen (Knie, Knöchel) musst du besonders vorsichtig sein. Keine Sorge, das kriegst du schnell raus!

Susi: *Wenn ich mich ab und zu mal beim Rasieren schneide, blutet es wie verrückt und hört gar nicht mehr auf! Kann ich daran verbluten?*

Natürlich nicht, so lange du dir nicht das ganze Bein zerschnipselst! Spül das Blut mit klarem Wasser ab, tupf die Stelle vorsichtig mit einem Taschentuch ab und kleb ein kleines Pflaster darüber. Dann lies die Antwort auf Zoeys Frage!

Chrissi: *Meine Mutter erlaubt mir nicht, die Haare an meinen Beinen zu entfernen. So haarig komme ich mir schon vor wie ein Gorilla! Was kann ich machen?*

Du fühlst dich vielleicht wie ein Gorilla, aber ganz sicher siehst du nicht so aus wie einer! Zum Glück sind die anderen in deinem Alter so mit sich selbst beschäftigt, dass sie vermutlich überhaupt nicht auf deine Beine achten, Haare hin oder her. Wenn du dich dann besser fühlst, trag keine kurzen Röcke, sondern Hosen und lange Kleider. Und versuch nicht krampfhaft, deine Beine zu verstecken, das lenkt nämlich erst recht alle Aufmerksamkeit auf sie! Denk dran: Wichtig ist allein dein Gott-Vertrauen, dein Selbstbewusstsein als Kind Gottes, und daran ändern ein paar Haare mehr oder weniger nicht das Geringste!

In ein paar Wochen oder Monaten kannst du deine Mutter ja noch mal fragen. In der Zwischenzeit beweist du ihr, dass du zuverlässig bist und dich auch sonst gerne pflegst. Dann fällt es ihr leichter, dir das Beine-Rasieren zu erlauben. Ständig zu jammern und zu betteln bewirkt genau das Gegenteil!

Mit Gott darüber reden

Wenn du heute mit Gott sprichst, probier mal ein Gebet wie Folgendes:

Lieber Gott!

Diese Sache mit dem Haare-Entfernen ist irgendwie doch ziemlich wichtig für mich, weil ....
....
....
....

Vielleicht sollte ich mich auch noch auf ein paar andere Dinge konzentrieren. Ich mache jetzt meine Augen zu, lehne mich zurück und versuche einfach mal eine Weile, nur auf dich zu hören. Bitte lass mich wissen, was du mir sagen möchtest. Vielleicht auch zu dem Thema Beine-Rasieren? Ich möchte der Mensch werden, als der du mich erschaffen hast – innerlich wie äußerlich!

Amen!

Seerosenblatt

Was ist die komischste Stelle an deinem Körper, an der du Haare hast? Schreib auf, warum das so ulkig ist!

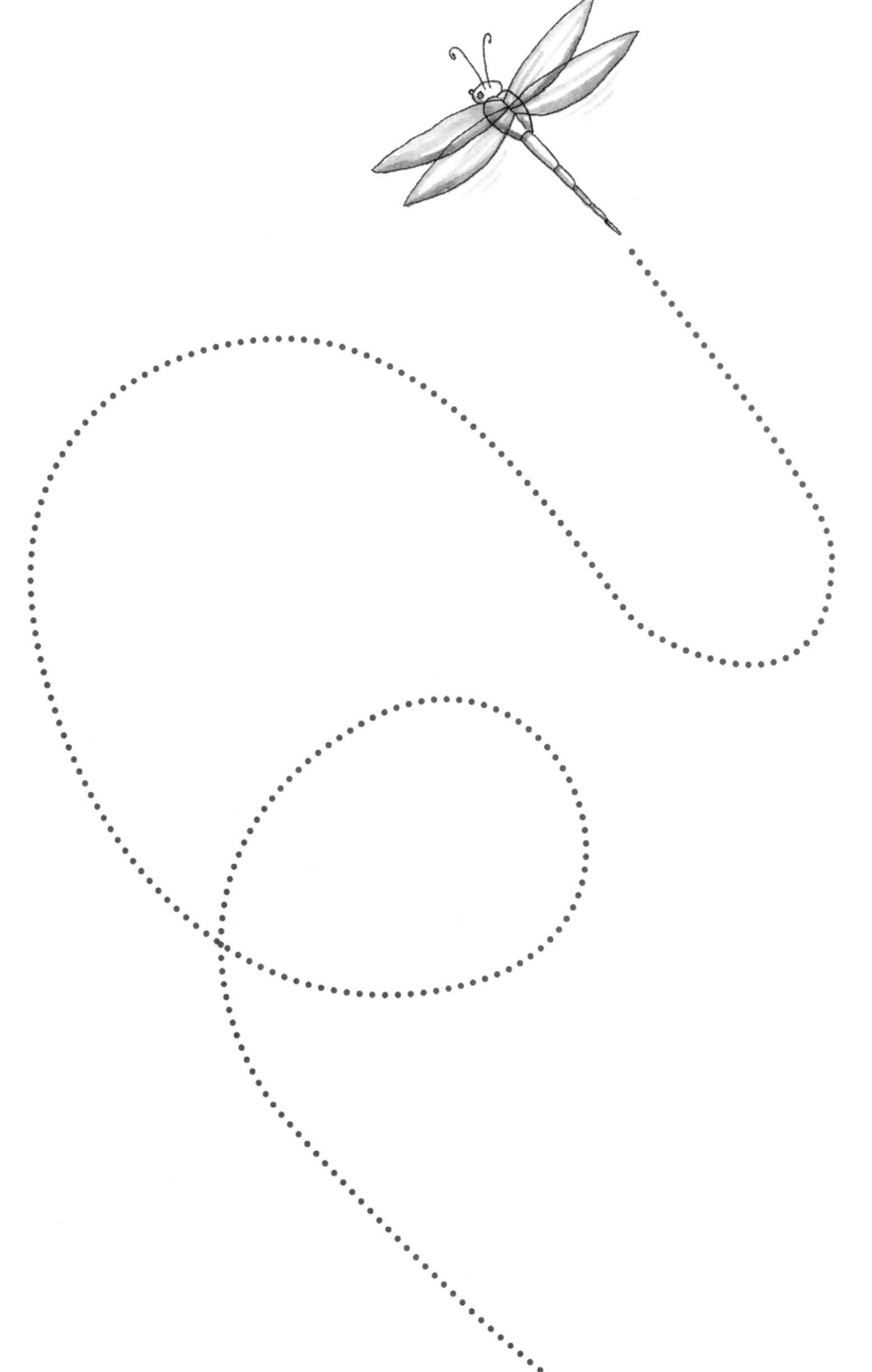

15. Kleider machen Leute

Ihre Kleider sind aus feinem Leinen und purpurroter Wolle.
(Sprichwörter 31, 22)

Du möchtest gut gekleidet sein?

Na klar! Wer will das nicht! Der beste Weg dazu ist, seinen Körper gut zu kennen und zu wissen, wie man ihn möglichst vorteilhaft zur Geltung bringt. Das bedeutet, dass man seine Vorzüge betont und die „Problemzonen" geschickt kaschiert. Auf keinen Fall solltest du versuchen, so auszusehen wie deine Schwester, deine Freundin oder das Mädchen auf dem Bravo-Cover. Das kann nur schief gehen. Deine einzigartige Schönheit soll herausgestellt werden!

Fragen & Antworten

Zoey: *Wieso können Marie und Reni diese Caprihosen tragen und bei mir sehen sie einfach nur doof aus?*

Ganz einfach: Weil Marie und Reni ihren Körper haben und du deinen! Nicht jeder sieht in denselben Klamotten gleich gut aus. Probier doch einfach mal ein bisschen herum und versuch herauszufinden, welche Art Hosen dir richtig gut steht und deine Figur positiv unterstreicht. Lass dir im Laden ruhig einen ganzen Stapel Hosen in verschiedenen Schnitten bringen und teste sie alle durch. Das ist nicht unverschämt, sondern dazu sind die Verkäufer da! Finde heraus, was wirklich zu dir passt und in welchen Klamotten du dich wohl fühlst. Das sind die richtigen Sachen!

Chrissi: *Ich habe ziemlich schmale Schultern und sehr breite Hüften. Eigentlich sehen alle Klamotten an mir doof aus. Ich wirke wie eine Birne auf Beinen!*

Na ja, das ist vielleicht doch ein bisschen übertrieben, oder? Weißt du noch, was wir über das positive Selbstbild gesagt haben? Denk nicht so negativ über dich!

Wenn du deine Figur ins „Gleichgewicht" bringen willst, versuch es mit folgenden Tipps: Trag am Oberkörper helle Farben. Auch Blusen mit Brusttaschen und Schulterpaspeln lassen deine Schultern breiter wirken. Deine Hosen sollten dagegen eher schmal geschnitten sein. Ab und zu kannst du dir auch lässig einen Pulli um die Hüften schlingen.

Für Mädchen mit breiten Schultern und schmalen Hüften gilt natürlich die umgekehrte Regel. Ihr Erscheinungsbild wirkt harmonischer, wenn sie schmale

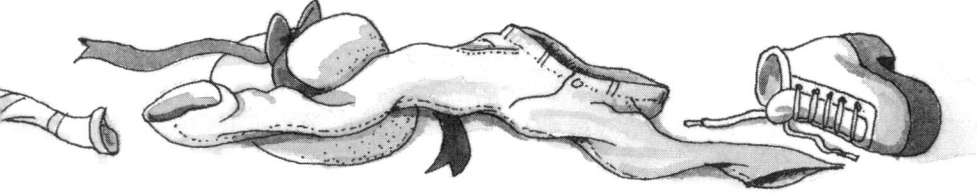

Oberteile und figurbetonte Blusen und eher lockere, weite Hosen tragen. Es gibt übrigens tolle Farb- und Stilberatungsbücher, in denen jede Menge Tipps zu den richtigen Farben, Formen und Schnitten von Klamotten für jeden Haut- und Figurtyp drinstehen (Buchtipp: Wälde, Rainer. Die neue Farb- und Stilberatung. Schulte & Gerth, 2000).

Lilly: *Ich bin riesengroß! Obwohl ich versuche, mich so anzunehmen, wie Gott mich geschaffen hat, fällt mir das manchmal schwer. Und passende Klamotten zu finden ist echt nicht einfach!*

Liebe Lilly, tröste dich! Du hast Model-Maße und darum beneiden dich viele Mädchen. Außerdem gibt es in letzter Zeit immer mehr Klamotten speziell für große Menschen zu kaufen. Du solltest vielleicht keine sehr kurzen Röcke und bauchfreien Tops tragen, weil die an dir wirklich etwas „zu kurz geraten" wirken können, und natürlich auch keine hohen Absätze. Ansonsten nimm Haltung an, trag den Kopf hoch und freu dich, dass du so groß und schlank bist!

Reni: *Mein Problem ist genau das Gegenteil. Ich bin sehr kurz geraten und in manchen Klamotten sehe ich noch winziger aus!*

Klein sein ist doch schön! Du bist eben sehr zierlich. Elfengleich! Wenn du dich optisch ein bisschen „strecken" willst, solltest du von Kopf bis Fuß dieselbe Farbe tragen und nicht zu viele Teile übereinander schichten. Außerdem bist du natürlich die ideale Kandidatin für höhere Absätze!

Mach den Test

Wieder mal ist es Zeit für den Spiegel! Wir wollen herausfinden, was deine einzigartige Schönheit ausmacht (na, so langsam gefällst du dir doch auch schon besser, oder?) und dabei Spaß haben! Sieh dich genau an und antworte auf die folgenden Fragen:

Welche Körperteile magst du an dir selbst am liebsten? Hast du wilde Locken, strahlende Augen und tolle Beine? Oder ein umwerfendes Lächeln, schmale Schultern und eine schlanke Taille? Schreib deine drei stärksten Pluspunkte hier auf:

a

b

c

Kleidungstipps

- Trag warme, auffällige Farben wie Rot, Orange und Gelb an diesen Stellen!
- Große Muster und starke Strukturen wie Tweed etc., aber auch glänzende Stoffe wie Satin ziehen Blicke auf sich.
- Glitter, Strass- und Jettsteine, Rüschen, Spitze oder Stickereien und Schmuck und Tücher sind in jedem Fall richtige Hingucker!

Zum Beispiel solltest du eine schmale Taille mit einem auffälligen Gürtel betonen. In deine tollen Locken kannst du ein leuchtend rotes Tuch knoten. Oder . . . – das Prinzip ist dir mittlerweile bestimmt klar!

Welche drei Körperteile magst du an dir selbst am wenigsten? Nicht vergessen, dass Gott dich im Ganzen liebt! Gefällt dir deine Nase nicht so richtig? Kommen dir deine Arme zu lang und dünn vor? Wünschst du dir, deine Waden wären schlanker? Schreib die drei Körperteile, die du am wenigsten magst, hier auf, aber denk daran, nicht so streng zu dir zu sein!

a

b

c

Kleidungstipps

Deine Pluspunkte kannst du ruhig mit Hinguckern hervorheben, aber hier gilt genau das Gegenteil: deine „Problemzonen" solltest du möglichst unauffällig kleiden. Also keine Knallfarben, nichts Glitzerndes, keine großen Muster . . .

Versuch nicht, deine Pölsterchen unter extrem weiten Klamotten zu verstecken, denn dann kann es passieren, dass du aussiehst, als hättest du dich in ein Zelt gehüllt! Trag lieber Sachen, die körpernah geschnitten sind, aber nicht eng sitzen, zum Beispiel leicht taillierte Blusen und T-Shirts aus weichen, fließenden Stoffen, die nicht „auftragen" und deine Figur umspielen. Alle steifen oder groben Materialien sind ungünstig.

Welche der folgenden Aussagen beschreibt dich am besten? Vielleicht erkennst du dich auch in einer Mischung aus zwei oder drei davon wieder. Wenn das so ist, dann nummeriere die Aussagen mit 1, 2 und 3 (1 für die treffendste Aussage usw.).

a Ich finde alles, was mit Bewegung zu tun hat, klasse! Ballspiele, Schwimmen, Fahrrad fahren – ich hasse herumsitzen!

b Ich mag alles, was mich zum Nachdenken bringt, wie lesen, schreiben,

Denkspiele, Computer, auch richtig gute Filme im Fernsehen oder Kino. So lange ich meinen Kopf gebrauchen kann, bin ich glücklich!

C Mir gefällt alles, was mich entweder zum Lachen oder zum Weinen bringt. Ich lese, schreibe, sehe gern Filme, spiele Fantasiespiele, träume einfach in den Tag hinein und bin in der Theater-AG. Lass mich Gefühle empfinden und ich bin dabei!

Kleidungstipps

Es macht auf jeden Fall mehr Spaß, Sachen zu tragen, die deine Vorzüge optimal zur Geltung bringen. Aber absolut toll ist es, Klamotten zu finden, die zu deinem ganz persönlichen Stil passen! Natürlich kann man mit Stilen experimentieren und der Geschmack verändert sich auch mit der Zeit, aber letztlich gibt es eine Art von Kleidung, in der du dich wirklich als du selbst fühlst. Mit dieser Kleidung trägst du auch einen Teil deiner Persönlichkeit nach außen und machst ihn sichtbar. Eigentlich ziemlich cool, oder?

Wenn du bei der Frage oben a) eingekreist hast, passt natürlich der sportliche Stil am besten zu dir. Füll deinen Kleiderschrank nicht mit zu vielen „Fummeln", weil du dich vermutlich in Sachen wohler fühlst, in denen du dich auch wirklich bewegen kannst. Das bedeutet ja nicht, dass du immer nur in Jeans und T-Shirts herumlaufen musst. Es gibt jede Menge sportlicher Sachen mit Pfiff, die richtig Spaß machen.

Wenn du b) eingekreist hast, solltest du dir klassische Sachen mal näher anschauen. Das heißt natürlich nicht, dass du nur noch in langweiligen Faltenröcken vor die Tür gehen solltest, aber vielleicht passen zu dir eher Marlenehosen als Jeans und eher flache Pumps als Turnschuhe.

Wenn du c) eingekreist hast, passt ganz sicher etwas Romantisches zu dir. Trag ruhig Rüschen und Spitzen, wenn du Lust dazu hast (auch wenn die zur Zeit nicht „in" sind). Schnapp dir die bestickte Weste, die deine Schwester gerade in die Altkleidersammlung stecken will. Pinkfarbene Socken zu Turnschuhen? Kein Problem! Du bist verträumt, also trag deine Traum-Outfits!

Mach's einfach!

Du musst jetzt nicht gleich einen ganzen Schrank voll neuer Klamotten kaufen, um deinen ganz eigenen, individuellen Look zu kreieren. Wahrscheinlich klappt das bestens mit den Sachen, die du schon hast, ein paar neuen Sachen, ein bisschen Experimentierfreude und ein paar Veränderungen.

Nimm dir einen ganzen Nachmittag Zeit, um alle deine Klamotten aus den Schränken zu holen und in deinem Zimmer zu verteilen. Sieh dir jedes Kleidungsstück einzeln an und frag dich Folgendes:

- Zu wie vielen und welchen anderen meiner Sachen passt dieses Teil? Natürlich kannst du die rote Hose mit weißen, blauen oder schwarzen Sachen kombinieren. Aber wie wär's mit Pink? Klingt gewagt, aber ausprobieren kannst du es ja mal. Wer weiß, vielleicht hast du soeben ein tolles neues Outfit kreiert!

- Wenn das Teil nicht mehr so ganz dein Fall ist: Was kann ich tun, um es zu verändern? Versuch doch mal, die alte Jeans mit witzigen Stoffeinsätzen in eine Schlaghose zu verwandeln. Oder hast du schon mal daran gedacht, den Satinrock, der irgendwie zu schick für den Normalgebrauch ist, mit deiner Jeansjacke zu kombinieren? Das könnte doch sportlich und trotzdem „angezogen" aussehen . . . und so weiter!

- Werde ich das Teil wirklich noch mal tragen? Wenn dir eine Klamotte nicht mehr passt oder du genau weißt, dass du sie nie mehr anziehen wirst, dann pack sie in einen Sack und führe sie einem guten Zweck zu. Es gibt mit Sicherheit irgendwo einen anderen Menschen, dem dein ausgemustertes Kleidungsstück haargenau passt! Als Faustregel sagt man, dass man ein Teil vermutlich nie mehr anzieht, wenn man es länger als ein Jahr nicht getragen hat.

Was hat sich Gott dabei gedacht?

Wie, Gott interessiert sich auch für meine Klamotten? Ja, denn deine Kleidung sagt genauso viel über dich aus wie Worte, die du zu anderen Menschen sprichst. Wenn du auf Grunge-Klamotten stehst, sagt das deinen Mitmenschen, dass du nicht viel Wert auf Äußerlichkeiten legst. Wenn du in Hot Pants und bauchfreien Tops herumläufst, signalisierst du damit, dass du einem Flirt gegenüber nicht abgeneigt bist.

Was möchte uns Gott denn nun zu unserer Kleidung sagen? Das hat er uns in der Bibel mitgeteilt (ist das nicht wieder mal typisch für ihn?)!

Für den Fall, dass du gerade beschlossen hast, die ganze Klamottensache zu vergessen und dich einer Nudistengruppe anzuschließen: Gott möchte durchaus, dass wir Kleidung tragen. Er hat die ersten Klamotten für Adam und Eva sogar persönlich angefertigt:

Gott machte für sie beide Kleider aus Fellen.
(1. Mose 3,21)

Na gut, Felle sind inzwischen ziemlich out, aber auch sonst hat Gott zu Klamotten so einiges zu sagen:

Eine Frau soll keine Männerkleidung tragen und ein Mann keine Frauen-kleidung.
(5. Mose 22,5)

Hoppla! Das sind ja ziemlich klare Worte. Gott möchte, dass man dich an deinen Kleidern erkennen kann. Man darf an deinen Klamotten ruhig sehen, dass du ein Mädchen bist! Was nicht bedeutet, dass du keine Jeans und Baseballkappen mehr tragen darfst, denn heutzutage sind die ja nicht mehr eindeutig männlich oder weiblich. Aber grundsätzlich solltest du durch deine Kleidung deine einzigartige (feminine) Schönheit zur Geltung bringen.

Ebenso will ich, dass die Frauen im Gottesdienst passend angezogen sind. Sie sol-len sich mit Anstand und Schamgefühl schmücken anstatt mit auffallenden Frisuren, goldenem Schmuck, Perlen oder teuren Kleidern. Gute Taten sollen ihre Zierde sein. So gehört es sich für Frauen, die zeigen wollen, dass sie Gott ehren.
(1. Timotheus 2,9–10)

Gott scheint es nicht besonders gut zu finden, wenn man extrem viel Aufwand mit seinen Haaren, Schmuck oder Klamotten betreibt und darüber vergisst, was eigentlich wichtig ist, nämlich gute Taten und die Ehre Gottes.

Putzt euch nicht äußerlich heraus mit aufwendigen Frisuren, kostbarem Schmuck oder prächtigen Kleidern. Eure Schönheit soll von innen kommen:

Freundlichkeit und Herzensgüte sind der unvergängliche Schmuck, der in Gottes Augen Wert hat.
(1. Petrus 3,3–4)

Diese Stelle gefällt mir am besten. Gott wünscht sich, dass du mit deiner Kleidung deutlich machst, dass du nicht die teuersten, modischsten Designerklamotten brauchst, um etwas darzustellen. Ein alter Spruch sagt: „Wer's nicht in sich hat, hängt's an sich." Wie wahr! Wahre Schönheit muss von innen kommen, und nichts, was man von außen an sich „dranhängt", kann wirklich schön machen. Was aber natürlich auch nicht heißt, dass du nur noch in Sack und Asche herumlaufen sollst. Deine gottgegebene Schönheit sollst und darfst du ruhig mit deiner Kleidung unterstreichen – aus Freude darüber, dass du so bist, wie du bist!!

Aber alle anderen haben . . .

Manchmal kommt es einem furchtbar schlimm vor, wenn man ein hippes Teil nicht hat, das alle anderen tragen. Man fühlt sich wie der letzte Hinterwäldler, ein Verlierer, völlig daneben . . .

Du weißt schon, was ich meine. Deine Mutter weiß das übrigens auch. Mädchen betteln nämlich schon seit Ewigkeiten ihre Mütter an, ihnen das zu kaufen, was gerade angesagt ist! In den 20er Jahren wollten alle Mädchen kurze Röcke tragen (wobei „kurz" damals über dem Knöchel endend bedeutete). In den 60er Jahren waren Batikklamotten der letzte Schrei und wahrscheinlich ruinierten Tausende von Töchtern die Waschschüsseln ihrer Mütter beim Batiken. In den 80er Jahren mussten die Socken zum Sweatshirt passen und am besten trug man gleich drei Paar auf einmal (was auch ganz schön ins Geld ging). Sieh dir mal ein paar Fotos von deiner Mutter in deinem Alter an. Nicht zu fassen, oder? Und frag dich am besten gar nicht erst, was *deine* Tochter wohl später mal unbedingt von dir haben will!

Es ist ganz natürlich, dass du dich der Masse anpassen willst. Daran ist auch nichts verkehrt, es sei denn, es bedeutet, dass du etwas vernachlässigst, was viel wichtiger ist. Versuch, die folgenden Richtlinien einzuhalten, wenn du mit deiner Mutter oder deinem Vater einkaufen gehst.

Dinge, um die du beim Einkaufen nicht betteln solltest

● Alles, von dem du weißt, dass es das Familienbudget übersteigt. Wenn du siehst, wie deine Mutter beim Einkauf im Supermarkt ihre letzten Groschen zusammenkratzt, bitte sie nicht um die teuersten Turnschuhe! Das ist einfach nicht fair.

- Alles, zu dem deine Eltern bereits Nein gesagt haben. Wenn du mit diesem Nein vernünftig umgehst und Reife beweist, wird ihre Entscheidung bei der nächsten Bitte vielleicht anders ausfallen.
- Alles, von dem du weißt, dass es nicht gut für dich ist, auch wenn alle anderen es klasse finden. Wenn „alle" eine Halskette mit einem Totenschädel tragen, kann das außerdem schon gar nicht mehr wirklich hip sein – warum dann noch so etwas haben wollen?
- Alles, was so trendy ist, dass es nach einer Woche schon wieder total out ist. Vor allem, wenn du bereits den halben Schrank voll von solchen Eintagsfliegen hast!

Aber ich will auch cool sein!

Verständlich! Wie wäre es mit folgenden Ideen:

- Präge deine eigenen Trends! Verabrede mit deinen christlichen Freunden, dass ihr ab sofort alle Kreuze als Kettenanhänger tragt. Bring es wieder in Mode, lange Röcke zu tragen, oder überleg dir einen anderen Trend, den du gut findest und der dir entspricht!
- Sei so einzigartig du selbst, dass es niemanden interessiert, ob du nun Tommy Hilfiger oder H & M trägst. Wenn du dich umsiehst, wirst du entdecken, dass die wirklich coolen Leute wegen dem gemocht werden, was sie sind, und nicht wegen dem, was sie tragen.
- Wenn Geld das einzige Hindernis auf dem Weg zu ein paar hippen Teilen ist, dann such dir Nebenjobs wie Babysitten oder Autowaschen, um dir deine Klamotten zu finanzieren. Wenn du ein Kleidungsstück mit deinem eigenen Geld bezahlen musst, überlegst du dir dreimal, ob du es auch wirklich brauchst, und wenn dem so ist, dann ist es dir gleich doppelt so viel wert!

Mit Gott darüber reden

Lieber Vater,
in diesem Kapitel haben wir über ganz schön viele schwierige Themen geredet.
Kannst du mir bitte helfen, meine Gedanken dazu zu ordnen?
Ich möchte herausfinden, wer ich wirklich bin, und das will ich dann auch in meinen Klamotten zum Ausdruck bringen.

Bitte hilf mir, meinen Körper so zu akzeptieren, wie er ist, und zufrieden mit dem zu sein, was ich habe, anstatt so aussehen zu wollen wie jemand anders.

Kannst du mir dabei helfen, das Beste aus mir und meinen Möglichkeiten zu machen?

Bitte hilf mir dabei, mich selbst zu lieben und zu respektieren – und vor allem dich! Das will ich auch in meiner Art, mich anzuziehen, deutlich zeigen.

Ich wünsche mir sehr, für das geliebt und akzeptiert zu werden, was ich bin, und nicht für das, was ich anhabe.

Danke, Gott! Ich wusste ja, dass ich auf dich zählen kann!

Deine ....

Seerosenblatt

Beschreib hier mal dein absolutes Traum-Oufit! Das perfekte Ensemble, das dich genau so zeigt, wie du bist, optimal passt, all deine Vorzüge bestens zur Geltung bringt und rundum ein Vergnügen ist. Schildere es ganz genau, mit allen Details, von Kopf bis Fuß.

Beschreib dein Traum-Outfit ... ein Ensemble, das Gott und du lieben würden!

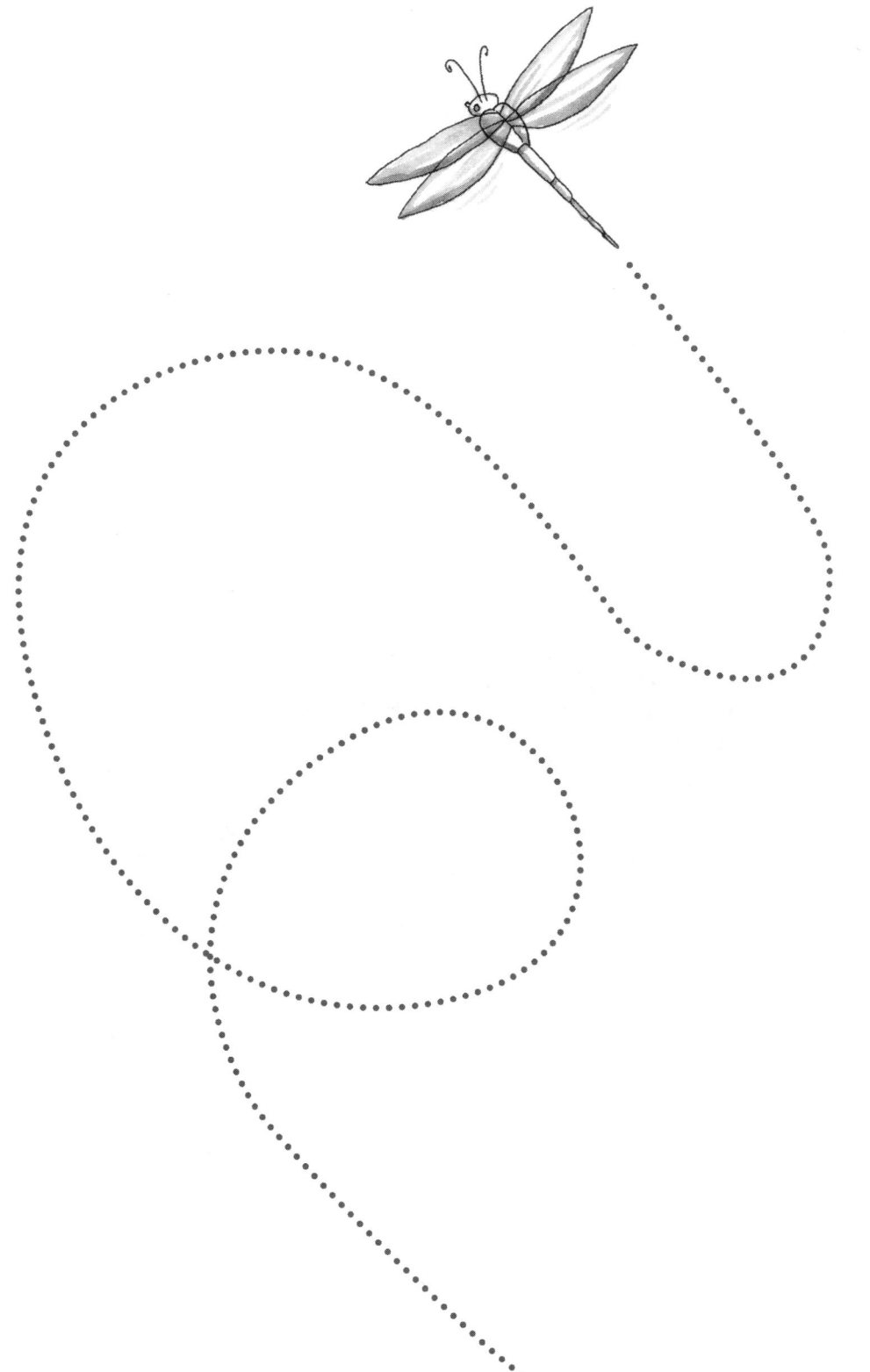

16. Kein Müll im Tempel!

Wisst ihr denn nicht,
dass euer Körper der Tempel des Heiligen Geistes ist?
Gott hat euch seinen Geist gegeben, der jetzt in euch wohnt.
Darum gehört ihr nicht mehr euch selbst.
Gott hat euch als sein Eigentum erworben.
Macht ihm also Ehre durch die Art,
wie ihr mit eurem Körper umgeht!
(1. Korinther 6,19–20)

Erkennst du die Bibelstelle wieder? Wir haben sie am Beginn des 8. Kapitels schon einmal gelesen. Aber sie ist so wichtig, dass man sie gar nicht oft genug lesen kann! Dein Körper ist vom Scheitel bis zur Sohle Gottes Angelegenheit. Nicht nur, dass er dich persönlich erschaffen hat, auch sein Heiliger Geist wohnt in dir! Wenn du etwas anderes mit deinem Körper tust, als ihn zu mögen, zu pflegen und für Gottes Zwecke zu benutzen ist das so, als würdest du eine Ladung Müll in die Mitte einer Kirche kippen!

In Kapitel 8 haben wir schon darüber gesprochen, wie du deinen Körper-Tempel von innen in Ordnung halten kannst – durch gesunde Ernährung, genügend Schlaf, viel Bewegung und Finger weg vom Rauchen oder gar von Drogen. Aber den Tempel von außen zu verunreinigen ist für Gott genauso schlimm, wie ihn von innen „zuzumüllen"! Manche Dinge, die im Moment „in" sind, kann man ein bisschen mit einem hässlichen Schmiergraffiti an der Wand des Tempels vergleichen . . . deines Körpers!

Fragen & Antworten

Zoey: Meine Mutter erlaubt mir nicht, mir Ohrlöcher stechen zu lassen. Sie findet, dass das billig aussieht und so, wie sie mich kennen würde, würde ich bestimmt eine Entzündung bekommen.

Tja, da gilt mal wieder: Du musst die Einstellung deiner Mutter akzeptieren und es sein lassen. Vielleicht sieht sie die Sache ähnlich wie eine der Bibelstellen im letzten Kapitel! Außerdem kann es bei Ohrlöchern tatsächlich manchmal zu Entzündungen kommen. Wenn du eines Tages also doch die „Lizenz zum Stechen" bekommst, geh nicht zu irgendwem, nur weil es billig ist! Such dir lieber ein Juweliergeschäft, denn dort haben sie garantiert Erfahrung damit, und du kannst sicher sein, dass alles sauber und hygienisch abläuft. Die frischen Löcher

solltest du regelmäßig desinfizieren und auch die Ohrringe immer gut sauber halten! Und so lange deine Mutter noch nicht Ja gesagt hat, beweis ihr, dass du verantwortlich mit deinem Körper umgehst. Dann überlegt sie es sich vielleicht schneller, als du zu hoffen gewagt hättest!

Lilly: *Ohrlöcher haben mir meine Eltern erlaubt, aber zu einem Zungen- Nasen- oder Bauchnabelpiercing sagen sie strikt Nein! Aber eigentlich ist das doch genau dasselbe!*

Das kann man so nicht sagen. Es ist zwar sehr verbreitet, sich Ohrlöcher stechen zu lassen, aber an anderen Körperteilen sind Piercings immer noch exotisch und erwecken den Eindruck, dass jemand unbedingt Aufmerksamkeit erregen möchte. Mädchen mit Zungen- oder Nasenpiercings sehen automatisch irgendwie rebellisch aus, auch wenn sie es gar nicht sind. Es könnte daher zu völlig unnötigen Konfrontationen kommen.

Dazu kommt, dass Ohrlöcher nicht bei irgendwelchen Körperfunktionen stören, weil die Ohrläppchen nun mal keine besondere Aufgabe haben. Deine Nase und deine Zunge aber haben viel zu tun und ein Ring oder ein Stecker darin können sie ganz schön dabei behindern.

Außerdem haben wir ja schon über die Betonung deiner natürlichen Schönheit gesprochen. Ein dicker Klunker an deiner Augenbraue sagt aber nicht: „Guck meine natürliche Schönheit an!", sondern er schreit: „Guck auf meine Augenbraue!" Und was soll das wohl bringen?

Reni: *Ich habe gehört, dass es total weh tun soll, wenn man sich tätowieren lässt. Stimmt das?*

Beim Tätowieren wird Farbe mit einer Nadel unter die Haut gespritzt. Das tut schon sehr weh.

Susi: *Es soll nicht ungefährlich sein, sich ein Tattoo machen zu lassen. Ist das wahr?*

Das stimmt leider. Wann immer dir jemand mit einer Nadel unter die Haut sticht, besteht eine Infektionsgefahr. Aber wir reden hier nicht nur von einer kleinen

Entzündung, sondern man kann durch eine infizierte Nadel so schwere Krankheiten wie Hepatitis und sogar AIDS bekommen! Natürlich passiert das nicht am laufenden Band und die allermeisten Tattoo-Studios verwenden sterile Nadeln. Aber warum ein Risiko eingehen, nur für ein Bildchen auf deiner Haut?

Lilly: *Ein Tattoo geht nie mehr ab, oder?*

Doch, aber es muss operativ entfernt werden und hinterlässt auf jeden Fall eine größere Narbe. Ein Grund mehr, sich das mit dem Tätowieren lieber zehnmal zu überlegen! Denn wenn ich mich an das erinnere, was ich vor zehn Jahren gut fand, graust es mich schon bei dem Gedanken, ich hätte mir damals ein Tattoo machen lassen. Heute fände ich das wahrscheinlich superscheußlich und dann hätte ich ein Problem!

Chrissi: *Was ist mit diesen Dingern zum Aufkleben, die nach ein paar Tagen oder Wochen wieder abgehen?*

Die sind natürlich kein Problem, so lange deine Eltern nichts dagegen haben. So ein Klebe-Tattoo zu tragen kann einfach mal lustig sein und es hat keinerlei Spätfolgen. Also los!

Manchmal möchte ich einfach nur anders sein . . .

Hast du auch schon mal in einer Zeitschrift eine bizarre Frisur gesehen und dir gedacht: „So was würde ich auch gern mal ausprobieren, nur um aufzufallen!"? Diesen Wunsch hat wohl jeder von uns schon öfter mal verspürt. Wobei das mit Klamotten einfacher wäre, denn die kann man wechseln, einen Haarschnitt dagegen nicht so einfach.
    Bevor du weiter tagträumst, lass uns erst mal . . .

Mit Gott darüber reden

Lieber Gott,

ich hab dich lieb und möchte genau die Frau werden, als die du mich gedacht hast. Ich möchte meine einzigartige Schönheit entdecken und auch betonen, dabei aber niemanden davon abhalten, dich in mir zu sehen.
    Wenn Leute mich ansehen, möchte ich, dass sie daran erinnert werden, wie

toll du bist und wie großartig du uns alle erschaffen hast. Ich möchte, dass ich auch nach außen wie dein Kind aussehe. Danke, dass du mich gemacht hast und liebst!

Amen!

Und jetzt denk noch mal über das Auffallen nach!

Mach den Test

Wir haben ja schon einiges zum Thema „Du selbst sein" gesagt. Es macht einen Unterschied, ob du mit deiner Kleidung deinen ganz individuellen Stil und deine Persönlichkeit zum Ausdruck bringen oder ob du dich damit um jeden Preis von den anderen abheben willst.

Möchtest du mehr darüber hören? Lies dir mal die folgenden Geschichten durch. Wenn dich eine davon an dich selbst erinnert, mach ein Kreuzchen daneben. Und dann verwende mal ein paar ernsthafte Gedanken und vielleicht Gebete auf diese Sache. Vielleicht kannst du auch mit deinen Eltern darüber reden. Putzt du dich raus, um aufzufallen, oder ist deine Kleidung wirklich nur ein Ausdruck deines einzigartigen Ichs?

* * *

Kelly beschloss, dass es ab sofort ihr Markenzeichen sein würde, dass sie immer und überall einen Teddybären bei sich trug. Manchmal guckte sein Köpfchen zwischen den Knöpfen ihrer Jacke hervor, dann wieder hing er am Gürtel ihrer Jeans. Und wirklich – bald redeten alle von ihr nur noch als „dem Mädchen mit dem Teddy".

* * *

Jessie wollte sich unbedingt eine Glatze rasieren, einfach weil ihr der Gedanke gefiel. Sie nervte ihre Eltern so lange damit, bis sie es ihr schließlich erlaubten. Zuerst war es echt cool, dass dauernd Leute auf sie zukamen und sie fragten, warum sie das gemacht hatte, und sie sagte dann: „Weil es mir gefällt!". Aber nach einer Weile wurde das ziemlich langweilig und sie wünschte sich, die Leute würden aufhören, sie anzusprechen.

* * *

Emma langweilte sich oft in der Schule und begann daher, sich selbst mit Filzstiften zu bemalen. Als alle ihr sagten, wie toll das aussah, machte sie es immer häufiger. Manchmal tummelten sich ganze Comicszenen auf ihren Armen und Händen!

* * *

Kristin wollte einen Trend prägen. Deshalb trug sie nur noch Pink – Rosa von Kopf bis Fuß! Ein paar ihrer Freundinnen ließen sich anstecken, bis sie ein bisschen wie eine Herde Schweinchen aussahen, wenn sie zusammen irgendwo hingingen. Andere wählten sich ihre eigenen Farben aus und trugen fortan nur noch Rot oder Gelb. Und wieder andere brachten das Gerücht in Umlauf, dass Kristin eine seltsame Sekte gegründet hatte.

* * *

Seerosenblatt

Wenn ich mein absolut einzigartiges inneres Wesen mit meiner äußeren Erscheinung auf eine „göttliche" Art zum Ausdruck bringen sollte, würde ich . . .

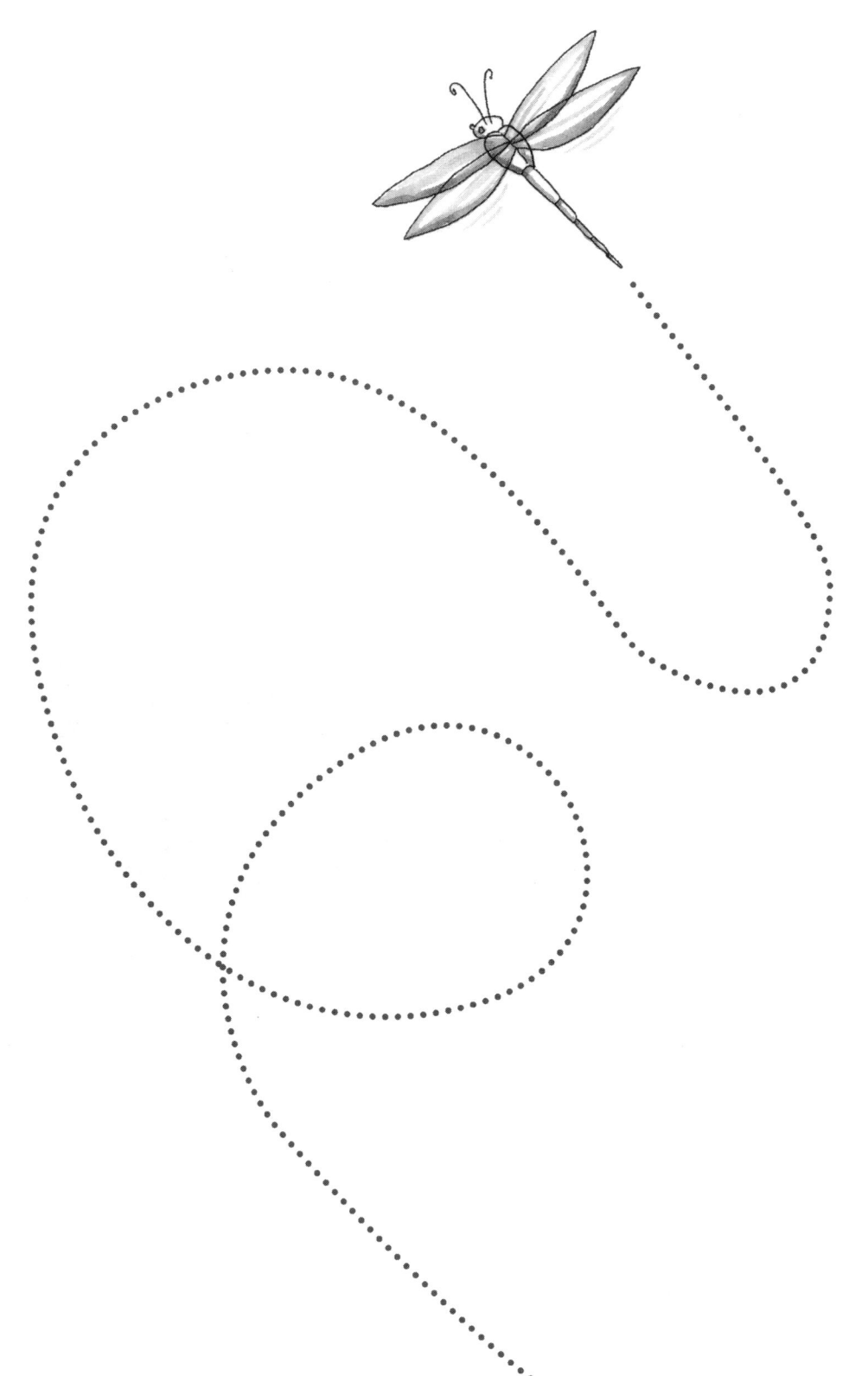

17. Härtefälle

Er war weder schön noch stattlich,
wir fanden nichts Anziehendes an ihm.
(Jesaja 53,2)

Brille? Spange? Abstehende Ohren? Ungleichmäßig wachsende Brüste? Oh weh! Niemand will aussehen wie ein Freak!

Und das tust du auch nicht. Es gibt kein optisches Problem, das sich nicht irgendwann mal erledigen oder zumindest entscheidend verbessern wird! Vielleicht wird sogar genau dieser Körperteil mal zu deinem allerbesten Stück.

Was hat sich Gott dabei gedacht?

Stell dich mal wieder vor den Spiegel. Konzentriere dich besonders auf das körperliche Problem, mit dem du gerade zu kämpfen hast – „diese Brille" oder „diese Spange" oder „diesen Leberfleck".

Jetzt lies, was Gott über all diese Dinge zu sagen hat. Setz in die leeren Zeilen einfach dein Problem ein!

Jemand, der ein .... hat, darf von den Opfern essen, die mir dargebracht werden, sowohl von den heiligen als auch von den besonders heiligen!
(3. Mose 21,22)

Klingt doch nach einer ganz netten Bevorzugung, oder? Übrigens ist es Gott vollkommen schnuppe, ob du eine Brille trägst oder die größte Warze der Welt auf der Nase hast. Er liebt dich genau so, wie du bist, und er lädt dich ein, zu ihm zu kommen!

Er ist ein Vater, dessen Güte unerschöpflich ist und der uns nie verzweifeln lässt. Auch wenn ich .... muss, gibt er mir immer wieder Mut!
(2. Korinther 1,3–4)

Vielleicht erzählen dir die Erwachsenen um dich herum, dass deine Brille, deine Spange oder was es auch immer ist, keine große Sache sei, aber Gott versteht, wie schwer es für *dich* ist, mit deinem Problem zu leben. Geh zu ihm und lass dich von ihm trösten, wie nur er es kann!

Ich bin gewiss, dass uns nichts von dieser Liebe trennen kann, weder .... noch .... (...). Durch Jesus Christus, unseren Herrn, hat Gott uns seine ganze Liebe geschenkt. Darum gibt es in der ganzen Welt nichts, was uns jemals von Gottes Liebe trennen kann.
(Römer 8,38–39)

Na, dann scheinen die kleinen körperlichen Makel ja letztendlich doch nicht soooo viel zu bedeuten, oder was meinst du?

Ich urteile anders als die Menschen. Ein Mensch sieht ...., ich aber sehe ins Herz.
(1. Samuel 16,7)

Du solltest dich also darauf konzentrieren, wer du innen drin bist. Klar, andere Leute starren vielleicht trotzdem noch auf deine Sommersprossen oder ziehen dich auf, weil du so groß bist, aber solche Dinge machen dir immer weniger aus, je mehr Gott-Vertrauen du entwickelst. Du bist ein geliebtes Kind Gottes, eine Königstochter, eine Prinzessin! Du wirst sehen, wenn du mit diesem Wissen durchs Leben gehst, wird es dir immer öfter passieren, dass Leute sagen: „Hey, du bist ja ein richtig hübsches Mädchen geworden!" Weil Schönheit nämlich wirklich von innen kommt und dann nach außen strahlt!

Sieh dir jetzt noch mal dein Spiegelbild an – das Mädchen, das weiß, dass es geliebt wird und dass die knubbeligen Knie ihrer wahren Schönheit keinen Abbruch tun. Man muss sie doch einfach lieben, oder?

So, und jetzt tu dir einen Gefallen und mach den Makel zu einem Vorteil! Wie, das erfährst du gleich.

Fragen & Antworten

Zoey: Ich glaube, ich brauche eine Brille, aber ich weiß nicht, ob ich so ein Ding tragen kann. Damit sehe ich doch bestimmt total bescheuert aus!

Also, zuerst mal ist deine Sehkraft wichtiger als alles andere! Wenn du eines der folgenden drei Symptome hast, solltest du deine Eltern mal bitten, mit dir zu einem Optiker zu gehen und einen Sehtest machen zu lassen. Es könnte sein, dass du eine Brille brauchst, wenn du . . .

- vom Lesen immer Kopfschmerzen bekommst.
- die Augen zusammenkneifen musst, um Dinge scharf sehen zu können, die entweder sehr nah an dir dran oder sehr weit weg sind.
- manchmal doppelt siehst.

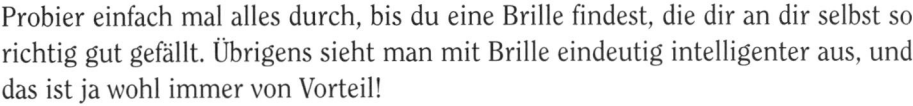

Und nein, mit Brille sieht man nicht unbedingt bescheuert aus. Denk doch nur mal an die Sängerin Anastacia. Die trägt ihre Brille selbstbewusst, benutzt sie als Stylingelement und sieht einfach toll damit aus!

Beim Optiker gibt es eine Riesenauswahl von Formen und Farben für den Rahmen deiner Brille. Probier einfach mal alles durch, bis du eine Brille findest, die dir an dir selbst so richtig gut gefällt. Übrigens sieht man mit Brille eindeutig intelligenter aus, und das ist ja wohl immer von Vorteil!

Susi: *Ich muss zum Lesen eine Brille tragen, aber dabei komme ich mir so blöd vor! Ich bin nämlich die Einzige in meiner Klasse, die eine hat!*

Die Augen vieler Menschen verändern sich im Laufe ihres Lebens und besonders in der Teeniezeit. Keine Sorge, bald wirst du um dich herum immer mehr Brillenträger entdecken. Im Moment bist du eben einzigartig einzigartig! Such dir die schickste Brille aus, die du finden kannst und mach sie durch deine Einstellung zu etwas ganz Besonderem!

Reni: *Wenn ich mal eine Brille brauchen sollte, möchte ich lieber Kontaktlinsen haben!*

Kontaktlinsen sind natürlich toll, weil sie das Aussehen nicht verändern (außer man wählt farbige). Sie haben aber auch ihre Nachteile: Sie brauchen viel Pflege und sorgfältige Reinigung. Außerdem kann es am Anfang ganz schön schwierig sein, sie richtig im Auge zu platzieren und sich an das Gefühl zu gewöhnen.

Fragen & Antworten

Reni: *Ich habe eben erfahren, dass ich eine Spange bekomme. Ich kann schon hören, wie die Jungs mich „Pferdegebiss" und „Metallfresse" nennen . . .*

Weißt du noch, was wir über das Aufziehen gesagt haben? Ignorieren und um Geduld beten . . . Übrigens sehen Spangen inzwischen längst nicht mehr so schlimm aus wie noch vor ein paar Jahren. Es gibt sie in allen möglichen Farben von Babyblau bis Neongrün! Such dir eine coole aus und dann lächle, lächle, lächle! Grins den Nervensägen ihr Geläster aus dem Gesicht!

Chrissi: *Bei Leuten mit festen Spangen sehen die Zähne immer so gelblich aus. Das will ich auf gar keinen Fall!*

Das muss auch nicht sein, wenn du deine Zähne gut pflegst. Putze sie nach jedem Essen, auch wenn es nur ein kleiner Snack war. Vielleicht löst du damit ja auch einen Trend an deiner Schule aus? Mindestens einmal am Tag solltest du Zähne und Spange richtig gründlich reinigen, vielleicht auch mit Zahnseide und/oder einer elektrischen Zahnbürste. Damit verhilfst du dir nicht nur jetzt zu einem strahlenden Lächeln, sondern deine Zähne sehen auch besser aus, wenn die Spange später mal runterkommt.

Was, wenn ich zu groß bin?

. . . oder zu klein? Oder in meiner Entwicklung weit hinter den anderen Mädchen zurück? Oder, noch schlimmer, schon viel weiter als die anderen?

Wir haben bereits darüber gesprochen, dass man sich besser nicht mit anderen Leuten vergleichen sollte. Das ist aber ganz schön schwer, wenn die anderen Mädchen stolz ihre neuen BHs im Umkleideraum vorzeigen oder wenn dich in der Tanzstunde kein Junge auffordert, weil er dir nicht auf den Bauchnabel starren will. Da brauchen wir wohl ein bisschen Trost und Zuwendung von Gott!

Mit Gott darüber reden

Das allererste, was du bei jedem Problem tun solltest, ist, dich an Gott zu wenden. Er weiß genau, was in dir vorgeht, aber er möchte es auch gerne aus deinem Mund hören. Schreib dein Problem (oder deine Beschwerden) so auf, wie du sie deinem „himmlischen" Vater sagen möchtest.

Lieber Gott, ich weiß, dass du bestimmt keine Fehler gemacht hast, als du mich geschaffen hast, aber könnten wir vielleicht mal über mein/e/n ....

....

reden?

Das stört mich wirklich, weil ....

....

....

Danke, dass du immer für mich da bist!

Amen.

Jetzt versuch mal, ganz bewusst auf das zu hören, was Gott dir sagen möchte. Such dir ein ruhiges Plätzchen (das kann ganz schön schwierig sein, ich weiß!), setz dich hin, mach die Augen zu und *sei* einfach. Ein paar Minuten sind für den Anfang genug! Versuche alle Gedanken an andere Dinge aus deinem Kopf zu verscheuchen. Entspann dich. Denk an Gott. Atme Gott ein und genieß ein paar Momente der Stille mit dem, der dich geschaffen hat!

Probier das mal ein paar Tage hintereinander aus – beten und dann still werden vor Gott. Versuche, den Rest des Tages aufmerksam und empfänglich für Mitteilungen und Hinweise von Gott zu sein. Vielleicht gibt er dir Antworten durch das, was andere Leute sagen, durch Bibelstellen oder einfach ganz neue Gedanken, die dir in den Kopf kommen. Mädchen, die das ausprobiert haben, erzählten zum Beispiel, dass Gott ihnen Dinge mitgeteilt hat wie:

- „Das Ganze ist ein Prozess. Du bist ja auch nicht komplett mit Haaren und Zähnen zur Welt gekommen. Gib dir und mir Zeit, dich zu der Frau zu formen, die du bist!"
- „Es wird nicht immer so bleiben! Die Jungen werden größer. Andere Mädchen bekommen auch Brüste. Im Moment fühlst du dich nicht gut, aber warte nur ab. Ich habe für jeden Menschen einen ganz speziellen Wachstumsplan!"
- „Jetzt im Moment ist es eine große Sache für dich, weil alles noch so neu ist. Aber bald wird es dir nicht mehr so wichtig vorkommen, wie große oder kleine Brüste du hast. Und das kannst du unterstützen, indem du dich auf andere Dinge konzentrierst – wie zum Beispiel mich!"
- „Ich mag dich ganz genau so, wie du jetzt in dieser Minute bist. Weil du es hasst, wenn andere Leute dich wegen irgendetwas aufziehen, machst du das so gut wie nie bei anderen. Du versuchst sogar, anderen Leuten nette Komplimente zu machen. Das gefällt mir an dir! Aber mal ehrlich: Wärst du auch so, wenn ich dich nicht so klein geschaffen hätte?"

Wenn du etwas „von Gott hörst" – und das wirst du, wenn du gut hinhörst – schreib es am besten auf. Ab und zu willst du vielleicht mal Rückschau halten und bist dann überrascht, was Gott alles zu dir gesagt hat und du schon vergessen hast!

Also, hier eine Gelegenheit:

Gott hat zu mir gesagt: ....
....
....
....
....
....

Mach's einfach!

Lilly hat ihr „größtes Problem" einfach mal aufgeschrieben. Dann hat sie deswegen gebetet, so wie du eben, und danach hat sie fünf Dinge aufgeschrieben, die sie in Zukunft tun wird, um aus ihrem „Fehler" eine coole Sache zu machen. Schau dir ihre Beschreibung an und probier mal aus, ob du auch mit deinem „größten Problem" etwas Ähnliches machen kannst!

Lillys größtes Problem

Mein größtes Problem ist wirklich groß, es ist nämlich meine eigene Größe! Ich fühle mich wie ein Fernsehturm in einer Klasse voller Duplo-Steine! Ehrlich wahr!

Aber ich habe mit Gott darüber gesprochen und in der Bibel gelesen und auch dieses Buch hier durchgeguckt, und ich denke, es gibt ein paar Dinge, die ich in dieser Angelegenheit tun kann.

- Ich werde Mark einfach nicht mehr zuhören, wenn er mich wieder wegen meiner Länge aufzieht. Er kann mich nennen, wie er will, ich höre einfach weg. Wenn er es doch noch schafft, mich zu verletzen, werde ich damit zu Gott gehen – und beten, dass Mark vielleicht eines Tages auch noch erwachsen wird . . . oder zumindest groß!
- Ich mache eine Liste von all den Vorteilen, die es hat, groß zu sein. Ich komme zum Beispiel an alle Regale dran, ich kann immer über die Köpfe der Menge hinwegschauen, die Leute halten mich für älter, als ich bin, und behandeln

mich deshalb nicht wie ein Kleinkind – solche Sachen eben. Ich werde diese Liste bei mir tragen und wenn ich mir mal wieder vorkomme wie ein Alien, sehe ich sie mir an. Das hilft sicher!

- Ich erinnere mich selbst immer wieder daran, dass Gott mich so geschaffen hat und dass er sich dabei etwas gedacht hat. Es wäre irgendwie ziemlich undankbar, wenn ich mir ständig wünschte, anders zu sein. Deshalb konzentriere ich mich lieber auf meine Haltung und passe auf, dass ich mich nicht zusammensinken lasse und so weiter.

- Mein Paps hat mir erzählt, dass ich später mal richtig toll aussehen werde, wenn ich „ausgewachsen" bin. Ich hätte dann „Modelmaße", sagte er. Ich weiß zwar nicht genau, was das bedeutet, aber es klingt gut! Manchmal, zum Beispiel wenn ich an die Tafel gehen muss, sage ich mir innerlich vor: „Ich habe Modelmaße!" Das hilft echt!

Und jetzt du!

Mein größtes Problem ist ....
....
....

Ich könnte mir vorstellen, dass Gott folgende Tipps für mich hat:
- ....
....
- ....
....
- ....
....

(Du musst ja nicht gleich so ausführlich sein wie Lilly!)

Seerosenblatt

So werde ich für mich selbst mein Problem nennen und beschreiben . . .

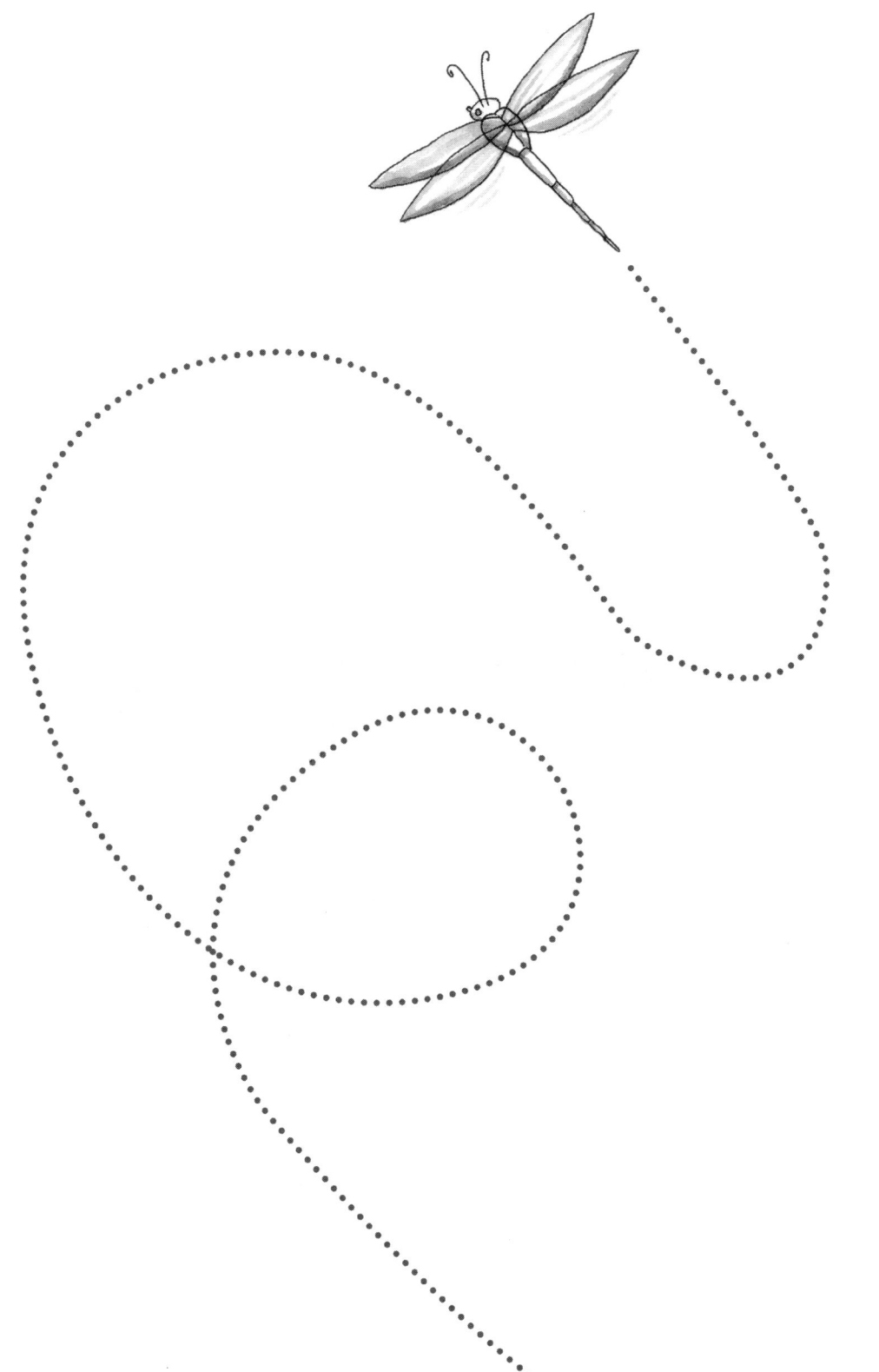

18. Jetzt kann's losgehen!

Eure Schönheit soll von innen kommen:
Freundlichkeit und Herzensgüte
sind der unvergängliche Schmuck,
der in Gottes Augen Wert hat.
(1. Petrus 3,4)

Denk an dein Gott-Vertrauen!

Eigentlich geht es in diesem Buch die ganze Zeit darum: Du sollst begreifen, dass du ein „Supergirl" bist, weil Gott dich so sehr liebt, dass er dich genau so gemacht hat, wie er dich haben wollte. Das zu wissen gibt dir Selbstvertrauen, das eigentlich mehr „Gott-Vertrauen" ist. Es gibt keine Frau auf der Welt, die dieses Gott-Vertrauen hat und bei der sich nicht alle Köpfe drehen, wenn sie einen Raum betritt. Die Leute können vielleicht gar nicht genau sagen, warum du nun so attraktiv bist, aber du bist es. Vielleicht murmelt der eine oder andere: „Sie sieht nicht aus wie Claudia Schiffer, aber sie hat etwas ganz Besonderes an sich!"

Wir sollten dieses Buch nicht schließen, ohne ganz sicher zu gehen, dass du diesen „unvergänglichen Schmuck" trägst, von dem in der Bibel die Rede ist.

Mach den Test

Zuerst stellen wir mal fest, wie weit du in deinem Gott-Vertrauen schon bist. Kreise den Buchstaben ein, der am ehesten auf dich zutrifft.

Hast du aufgehört, schlecht über dein Aussehen zu denken und zu reden?
a Ja, habe ich!
b Es wird langsam.
c Äh, noch nicht wirklich . . .

Lachst du inzwischen darüber, wie absolut unrealistisch die meisten Leute in Anzeigen und Werbespots aussehen?
a Ja, mache ich!
b Es wird langsam.
c Äh, noch nicht wirklich . . .

Gelingt es dir, nicht mehr beim „Vergleichsspielchen" mitzumachen?
a Ja, das krieg ich hin!
b Es wird langsam.
c Äh, noch nicht wirklich . . .

Hast du den Eindruck, dass du besser mit Sticheleien umgehen kannst?
a Ja, habe ich!

b Es wird langsam

c Äh, noch nicht wirklich . . .

Weißt du, was an dir einzigartig und unvergleichlich schön ist?

a Ja, weiß ich!

b Es wird langsam.

c Äh, noch nicht wirklich . . .

Pflegst du deine Haare gut? Sorgst du für ihre Gesundheit
und trägst sie so, wie sie zu dir passen?

a Ja, mach ich!

b Es wird langsam.

c Äh, noch nicht wirklich . . .

Gibst du gut auf deine Haut Acht und pflegst sie,
weil sie ein wichtiger Teil deines Körper-Tempels ist?

a Ja, mach ich!

b Es wird langsam.

c Äh, noch nicht wirklich . . .

Respektierst du die Entscheidungen deiner Eltern, was dein Aussehen angeht?

a Ja, mach ich!

b Es wird langsam.

c Äh, noch nicht wirklich . . .

Kümmerst du dich auch um deine Hände und Füße,
weil du deinen Körper als Ganzes magst und respektierst?

a Ja, mach ich!

b Es wird langsam.

c Äh, noch nicht wirklich . . .

Trägst du Klamotten, die Gott an dir gefallen würden?

a Ja, mach ich!

b Es wird langsam.

c Äh, noch nicht wirklich . . .

Vermeidest du es, deinen Tempel zu „verunreinigen"?

a Ja, mach ich!

b Es wird langsam.

c Äh, noch nicht wirklich . . .

Arbeitest du daran, deine „Fehler" zu positiven Merkmalen zu machen?
a   Ja, mach ich!
b   Es wird langsam.
c   Äh, noch nicht wirklich . . .

Hast du dir schon angewöhnt, mit Gott über einfach alles zu reden?
a   Ja, habe ich!
b   Es wird langsam.
c   Äh, noch nicht wirklich . . .

Bist du davon überzeugt, dass du schön bist?
a   Ja, voll und ganz!
b   Es wird langsam.
c   Äh, noch nicht wirklich . . .

So, und jetzt guck dir deine Antworten noch mal an!

Die *a)-Antworten* sagen dir, dass du auf diesen Gebieten wirklich schon große Fortschritte gemacht hast – herzlichen Glückwunsch! Je mehr dir das auch weiterhin gelingt, desto besser fühlst du dich und desto schöner wirkst du!

b)-Antworten zeigen dir die Bereiche, an denen du schon arbeitest und an denen du auch weiter dran bleiben musst, um negative Einstellungen loszuwerden. Ich bin stolz auf dich! Immer weiter so!

c)-Antworten sind sehr wichtig. Auf diese Punkte solltest du dich konzentrieren. Wie kannst du dafür beten? Wobei solltest du deine Mutter oder eine erwachsene Freundin um Rat und Hilfe bitten? Denk daran, dass du schließlich nicht mit einem endgültigen „Nein" geantwortet hast. Der Job ist noch nicht erledigt, aber zumindest weißt du schon mal, was dazu nötig ist. Und mit Gottes Hilfe wirst du es auch schaffen!

Ein Schlusswort, das dir gefallen wird

Während du an den äußerlichen Dingen arbeitest, über die wir gesprochen haben, erinnere dich immer mal wieder daran, dass es dein Gott-Vertrauen ist, das dich schöner macht als jede Maniküre und jede Haarspülung der Welt! Deine Ausstrahlung, die von innen her kommt, lässt die Leute aufhorchen und sich fragen, was wohl dein Geheimnis ist.

Natürlich kannst du nicht morgen früh aufstehen und sagen: „Von nun an werde ich eine tolle Ausstrahlung haben!" Wie die Körperpflege erfordert auch die Fürsorge für dein geistliches Leben Zeit und Einsatz. Und wie bei der Maniküre brauchst du dazu ein paar Fertigkeiten, Wissen und die richtige „Ausrüstung".

Hier kommen ein paar Tipps, die dir dabei helfen sollen, noch näher zu dem Gott zu kommen, der dir alles geben will, wonach dein Herz sich sehnt:

- Nimm dir jeden Tag eine Weile (vielleicht eine halbe Stunde?) Zeit für Gott, sprich mit ihm über die Dinge, die dich bewegen, und versuch hinzuhören, ob er dir etwas sagen will.
- Lies in Gottes Liebesbrief an uns, der Bibel, und denk darüber nach, wie sich die Inhalte auf dein Leben übertragen lassen. Das kannst du während deiner Stillen Zeit machen.
- Fang ein Tagebuch an, in dem du deine Fragen und Erlebnisse mit Gott festhältst, so wie du es auf den Seerosenblättern in diesem Buch begonnen hast!
- Umgib dich mit anderen „strahlend schönen" Christen und mach sie zu deinen besten Freunden.
- Behandle diese Freunde und alle anderen Menschen um dich herum so, wie du gelernt hast, mit dir selbst umzugehen – nämlich gut!

Ach ja, da ist noch eine letzte Sache: Es ist das allereinfachste Rezept in diesem Buch, aber es ist sozusagen die Garantie dafür, dass du ab sofort ungefähr hundertmal attraktiver aussiehst als nach jeder Schönheitsbehandlung.

LÄCHLE!

Es ist gar nicht so schwer. Hey, Gott liebt dich!

Das ist doch ein Grund zum Lächeln, oder?

Susie Shellenberger u. a.:

MÄDCHENSACHE

Was beim Frauwerden wirklich zählt.

Erwachsen zu werden ist ganz schön spannend. Aber auch ziemlich verwirrend. Du versuchst, deinen Platz im Leben zu finden. Freundschaften verändern sich oder bekommen eine ganz neue Dimension – besonders die Beziehungen zu Jungs! Und dann spielt auch noch dein Körper irgendwie verrückt. Und welche Rolle spielt Gott dabei? Der scheint mit dem, was dich beschäftigt, so rein gar nichts zu tun zu haben. Oder doch? Wie soll man sich in diesem Dschungel namens Pubertät bloß zurechtfinden?

Damit deine Teenie-Zeit nicht zur reinen Frustzeit wird, will dir dieses Buch Antworten auf deine brennendsten Fragen geben. Du erfährst hier alles Wissenswerte über Themen wie:

» Kosmetik und Make-up

» Jungs und Beziehungen

» Eltern

» Schule

» Umgang mit Medien

» Deine persönliche Beziehung zu Gott

und vieles mehr!

Paperback, 160 Seiten, Nr. 816 048